這樣的女人，男人追著愛

女神是這樣修煉出來的

——柳安晴◎著

原書名：就愛這個味道

推薦序

Beauty save the world（美能拯救世界）

那是地球一隅的某個國家，政局動盪，兩軍對壘，一位新上任的官員接受採訪，心平氣和說出：「Beauty save the world.」幾天之內，電波和光纜將她的話傳向世界各地，她坐在辦公桌後微笑的照片登在各大報刊上。動亂沒有遠去，世界卻多了一抹美麗的色彩，全因這位帶著微笑的美麗女人。

長久以來，社會加諸女性種種限制和要求，要溫柔，要乖巧，要賢慧，更要漂亮。於是有些女性開始不滿，抗議為何要求女性一定得美麗動人，女人為何要辛辛苦苦維持美麗？這種質疑不能說全無道理，但仔細想一想，變得美麗，變得優秀，全是為了取悅別人嗎？

幾個月前，友人S小姐和男友K先生分手了，相戀五年的兩人最終各奔前程，熟識二人的幾個朋友無不唏噓。分手後的一段時間，S小姐整個人一百八十度大轉變，原本活潑的她突然從各類聚會中消失了，網路也很少上線。跑去她家裡開導她，見到的是一個不施粉黛，滿臉憔悴的女人，想想她過去總是亮麗有朝氣，心中不禁替她感到難過。她不哭不鬧，嘴上說「沒事」卻滿臉淒涼，勸到最後我也只能默默嘆氣，心想這種事大概只能交給時間治癒了。

S小姐再次出現在大家面前的時間比預計的要快，狀態也好得令人驚喜，在聚會上和大家談天說地，神采飛揚。後來特地問她原因，S小姐講述了這樣一個故事。

分手一陣子後，S小姐的心情平靜很多，有天心血來潮打電話給K先生，電話接通的那一刻，一時不知該說什麼，只好說：「我想吃火鍋。」

K先生回：「那就去吧。」

S小姐：「我不想一個人去。」

K先生：「那就找朋友一起去啊。」

S小姐：「我正在找你一起去。」

K先生：「說實話，妳到底是想吃火鍋，還是想和我一起吃火鍋？」

S小姐：「和你一起去吃火鍋。」

K先生：「妳是想和我一起去吃火鍋，還是不願意一個人去吃火鍋？」

S小姐想了想，實話實說：「不願意一個人去。別人都有男朋友陪，我一個人去很奇怪。」

K先生：「那妳是去吃火鍋，還是去讓別人看妳？」

S小姐愣住，突然爆發：「你陪我去一下又不會死！」

K先生依然冷靜：「那妳沒了我就不能好好生活嗎？」

後來S小姐一個人去吃了火鍋，再後來一個人去看了電影，接著又一個人去旅行，去進修……

她說，原來和K先生在一起的那五年，她失去了很多自我，剛分手的時候，甚至覺得自己沒有對方就活不下去，事實上那只是錯覺，原來自己一個人也可以活得很豐富而美麗。

有多少人遺忘了這點呢？每個人從出生後就是獨立的個體，不是為了配合誰或依附誰而活。女人應該美麗，女人當然應該美麗，不要被外界的聲音左右了步調，女人的美，首先必須為了自己。當妳意識到這一點時，妳的生活已經開始改變了。

妳努力運動減掉凸出的小肚腩，學習廚藝為自己做一頓美味料理，學習理財為自己增加收入……妳的美麗，妳的優秀，首先必須為了為自己。

看到這裡，妳心動了嗎？如果妳願意為自己做出改變，那麼這本書就是專門為妳打造的，它會幫助妳變回最美的妳。

不要忘記，妳的美可以拯救世界，沒有理由讓自己平庸一生。

序言

改變人生，從改變魅力開始

改變世界要從改變自身開始，女人想告別平淡的生活，把人生經營得有聲有色，就要從自身入手。告別黃臉婆的形象，收斂邋遢的習慣，提升自己的學識，由內而外散發出吸引人的優雅氣質，總結起來就是：要變得有魅力。

什麼是「魅力」？辭典中的標準解釋是：「吸引人的力量。」而將「魅力」二字拆開來看，「魅」是指「木石之怪、鬼怪、惑亂」之意；而「力」則是「物質之間的相互作用」。魅力二字聯繫在一起，指的是一種能夠感染、影響甚至駕馭他人的力量，只要擁有它，就擁有了對自己未來生命的掌控權。

幾乎沒有不愛美的女性，每個女人都渴望獲得眾人的目光。走在大街上，有的女性為了美做足了功課，化妝、染髮、買漂亮的衣服，甚至整容；而有的人則完全看不出一點美感，膚色暗淡、嘴唇乾裂，頭髮也是亂糟糟的，毫不講究穿著，更談不上舉止得體了。

為什麼這些女性絲毫不注重自己外在的美呢？心理學家指出，原因主要是兩個方面：一，大多數女性並未真正認識到美和魅力對於女人一生幸福的重要性；二，那些認為自己不夠漂亮或不再年輕的女人，會逐漸失去對美和魅力的興趣，她們潛意識裡認為自己不需要這些東西，所以不自覺地放棄了對美的追求。

事實上，正如魅力女性靳羽西小姐所說：「世界上沒有醜女人，只有懶女人。」漠視美和魅力的力量，也就失去了對生活的熱情。一個真正有魅力的女性，不在於外表多麼青春亮麗，而在於是否能用自己的熱情感染周圍的人和事，給人新的希望和活力。

魅力女人的標準是什麼呢？有人說，魅力女人是有品味的，真誠坦然，舉止從容，性情淡然；有品味的女人內心高貴，溫婉體貼，獨立而自信；也有人說，魅力女人是有創造力的，擁有自己的一片天地，擁有豐富和多采的情趣，擁有善於發現美的眼睛和豐富敏感的心靈；也有人說，魅力女人是有責任感的，面對五彩繽紛的物欲世界，她能掌握大局，拒絕誘惑，堅定地追逐事業，同時是一個好女兒、好妻子、好母親……

本書主要從四個部分：美麗能拯救世界——從頭到腳都漂亮是女人的特權、改變從心開始——讓內在美如花綻放、請智慧進駐大腦——聰明是可愛的必備元素、愛金不拜金——守住麵包才能守護人生，全方位地介紹現代女性如何能透過各種鍛鍊，將自己塑造成一位充滿魅力的新女性。

很多時候，魅力被簡單地理解為外在美，這實在是一種誤解。外在美就像一只漂亮的花瓶，美則美矣，但是缺少靈魂，看久了令人生厭。而真正的魅力，則是有內涵的，不僅要從心靈上將自己塑造成一位魅力女性，還要從社會和家庭的角度進行全方位的磨練與鍛造，才能讓自己成為一顆閃閃發光的鑽石。

美貌是天生的，而魅力則可以透過後天的努力來打造，希望各位愛美的、渴望獲得魅力的女性，能從本書中獲得一些啟發。

目錄

Part 2 改變從心開始

——讓內在美如花綻放

Part 3 請智慧進駐大腦

——聰明是可愛的必備元素

Part 4 愛金不拜金

——守住麵包才能守護人生

Part 1

美麗能拯救世界

——從頭到腳都漂亮是女人的特權

01
動靜皆宜，做個優雅的女人

改變私房話 1

優雅類似美麗，
只不過美麗是上天的恩賜，而優雅是修養的產物，
美麗稍縱即逝，而優雅歷久彌新。

優雅的女性是一道賞心悅目的風景，讓世界也變得曼妙生動起來。優雅女性的神韻除了來自出色的外表，更多是來自於「無形」的美的組合。舉手投足、一顰一笑，言談舉止之間，給人一種超越視覺範圍的精神享受。

優雅女性的吸引力，就在於這種動靜皆宜的美好形態上，既有一種外在線條的美感，也有一種動人心魄的力量。有人說，欣賞現代女人要看三眼：第一眼看靜態，主要看外表；第二眼看動態，主要看言談舉止、生活與工作；第三眼看動靜結合，必須用心來看，主要看內涵，即思想、品德、才學、修養等。

成為一位優雅的淑女，應該是女性一生最崇高的境界。在生活中，優雅女性的風度舉止應該是自然的、和諧的、知性的，是順應生活各種不同狀況所反映出的內在智慧，是內在「靜」與外在「動」的結合。缺少內在優雅的女人，不能說是真正的優雅。

優雅的女性必然也是一個愛書人，在書香的浸染下，才有溫潤、雅緻的女人，也能從她的行為舉止中看到書的氣韻。因為有學識、有才華，才能讓女人擁有不俗的談吐，與之交往不會覺得語言無味。優雅的女人會不斷吸收新知，將優雅之樹深深扎根於文化的沃土中，使它變得枝繁葉茂。

知識可以讓人充滿智慧，智慧可以淨化人心。想要當個優雅的女人，就要多讀書，不斷地充實自己、完善自己。喜歡讀書的人，永遠不落俗套，才有資格做優雅的人！優雅的女人就像一本好書，耐看，但不是每個人都看得懂。優雅是一種恆久的時尚，是一種內涵和素養的積累，是修養與知識的沉澱。從一個女人的優雅舉止中，可以看到文化教養，讓人賞心悅目。

優雅的女性必須是一個善良而且善解人意的人。因為善良，所以眼底總閃現著溫柔、清澈的光芒；因為善良，她的表情總是非常柔和，讓人忍不住親近；因為善良，所以不會因斤斤計較而產生刻薄的表情紋路。

優雅的女性其個性必然溫柔沉靜、善解人意，總是善於替別人著想，甚至連別人想不到的地方都能照顧到，讓人讚嘆於「心有靈犀一點通」的美妙。只需一個眼神、一個細微的臉部表情，她就能立刻掌握自己的處境和對方的意圖，並且善於用表情或動作來傳達自己的想法。這樣的女性不會讓人為難，永遠給人溫順平和的感覺，和她相處也讓人感到舒服放鬆。

優雅的女性還應該是個懂生活的人。在生活中，煩惱、焦慮、憤怒等負面情緒總是悄無聲息地從潘朵拉的盒子裡跑出來，試圖打擾我們的平靜。優雅的女性會暫時將它們封印起來，等到心平氣和時，再給予一記漂亮的回擊。

在她的巧手之下，生活總是被妝點得多姿多采。她會為家人準備可口的食物，滿足全家人的胃；她會花時間打扮自己，從服飾到化妝，都讓人感到賞心悅目；她會在繁忙的生活工作之餘，製造一些小浪漫，為枯燥的生活帶來驚喜。

優雅的女人要有品味，懂得穿衣打扮，懂得色彩搭配，知道在什麼年齡應該穿什麼樣的衣服。無論在什麼場合，優雅的女人都會注意維持自己的形象，即使在家裡，也絕不給人「黃臉婆」的印象。

無怨無悔陪伴張學良的趙四小姐，即使在最艱難的時刻，也總是將頭髮梳得一絲不亂。半個世紀後，五十一歲的趙四小姐終於如願以償嫁給了張學良，昔日的金童玉女早已頭髮花白。當記者問張學良對趙四小姐的感情時，他只深情地說了一句：「她是我的姑娘。」

優雅的女性一定要有自己的事業，不必很大，但至少要保持經濟獨立。所謂「經濟基礎決定上層建築」，缺少了經濟的支撐，女人只能依賴於男人，逐漸迷失自我。當然，擁有事業的女人並不等於女強人，而是永遠保持微笑從事自己所熱愛的工作。她不像攀木而生的凌霄花，只是藉男人的高枝來自我炫耀，而是與男人並肩站在一起，共同迎接未來的歲月。

優雅暗含著一種對世俗的抗爭，拒絕成為一個俗氣的人。優雅的女性必須擁有這種抗爭能力，透過不斷努力來提升自己——在生活中盡顯女性的溫柔與嫵媚，在工作中也毫不遜色，在任何場合都保持自己優雅的一面。

優雅的女人必定擁有自己的特長和愛好，懂得時時充實人生。傳統社會中對女性的要求是「在家從父，出嫁從夫，夫死從子」，彷彿只能成為男性的附庸。假如有一天，女性失去了所有可以依靠的東西，那麼，她是否也失去了存在的價值？優雅的女性會重新尋找人生的價值，活出不一樣的精采。

優雅的女人注重身體健康，氣色紅潤，散發朝氣與活力。弱不禁風的女人只能讓人憐惜，卻無法令人欣賞。健康的身體不僅是男人的本錢，也應該是優雅女人的資本。除了身體健康，更重要的是心理的健康，保持一種寬容、平和的心態，這是女人優雅的基礎。

優雅的女人也應該是美麗的。但是美麗並不等於漂亮，漂亮屬於年輕人，屬於天生麗質的人。美麗則沒有年齡的限制，跨越時間的界限，每個階段的人都有屬於自己的美麗。

總而言之，優雅的女人靠的是真誠、善良、知識等內在特質。她們總是能恰到好處地表達自身風情韻致的外在形態，使人產生信賴的感受；她們只做自己，不試圖借助他人的影響來炫耀和美化自己，因此，女人想擁有並保持優雅的風度、高尚的品味，就要注意自己的言行舉止。

02 儀態萬千，魅力不可擋

儀態之美更勝容貌之美，
「一顧傾人城，再顧傾人國」指的就是顧盼生姿的儀態。
塑造美好儀態，將為女人的美麗錦上添花。

改變私房話 2

林語堂說：「女人的美不是在臉孔上，是在姿態上。姿態是活的，臉孔是死的，姿態猶不足，姿態只是心靈的表現；美是在心靈上的。有那樣慧心，必有那樣姿態，擦粉打扮是打不來的。」

顯然，儀態和女人的容貌無關，而是透過後天的努力塑造而成。一個相貌普通的女子，透過後天的努力，也能以「儀態」勝出；而一個天生麗質的美女，卻可以因為「失態」而遭到別人的嘲笑。當然，如果天生麗質再加上儀態萬千，簡直可謂錦上添花，魅力難以抵擋。

儀態是一門學問，三天三夜也未必講得完。簡單來說，主要包括了站立、行走、坐這三個方面的基本姿態。

首先是亭亭玉立的站姿。

優美的站姿，是展現不同動態美的起點和基礎。從站到行走，應該是一個連貫的過程，不會給人任何突兀之感。

正確的站姿，最重要的是保持身體自然直立，挺胸收腹。端正的脊椎是構成女子形體曲線美的根本，因此在站立時應該做到腹部微收，挺起胸脯，如此，女性特有的優美曲線才能顯露無遺。

優美的站姿應該注意以下幾個要點：

❶抬頭、挺直頸部，雙目向前平視，下頜微收，嘴唇微閉，臉部肌肉放鬆，動作平和自然。

❷雙肩放鬆，但絕不能鬆垮。頭上彷彿有一條無形的繩子牽引著自己不斷向上上，保持自然的呼吸狀態。

❸軀幹挺直，身體重心應在兩腿中間，防止重心偏移，做到挺胸、收腹、立腰。頭保持與軀幹在一條直線上，不會東倒西歪，也不會向前傾斜，這樣可避免駝背。

❹雙臂放鬆，自然垂下置於體側，手指自然地彎曲。

❺雙腿立直，保持身體正直，膝和腳後跟靠緊。腳尖分開呈六十度，身體重心放在兩腳中間。

在等人或與人交談的時候，可以採取比較輕鬆的姿勢：腳前後交叉，或是左右分開一定的角度。肩部、手臂可以儘量放鬆，自由擺放，但是仍要注意頭部必須擺正，自然直視前方，保持脊背的挺直。在交談時，身體不要倚靠別的物品，雙手可隨說話內容做一些手勢，但幅度不能過大，避免顯得粗魯。

但是，會見客人或出席重要場合時，就不能採取輕鬆的姿勢。手不能隨意交叉放在胸前或叉腰，更不能讓身體左搖右晃，給人一種輕浮感。

女性站立時如果不挺胸，背脊垮著，身高看起來會至少矮三公分，腰身也會變粗三公分以上。有些女性由於站姿不正確，久之還容易造成畸形的體型：駝背、含胸、探頭等。

學會了正確的站姿後，還必須經常訓練：背靠牆，腳跟離牆面三公分，臀、肩和頭貼著牆，用力吸氣、收腹，肌肉用力縮回，使腰背貼牆。每次訓練十五至二十分鐘。明星們光采照人、氣質高貴的祕密，就在於她們的儀態必須經過無數次的反覆練習。

第二是輕盈的行走姿勢。

女性在走路時，不能太急，也不能太慢，只有按照一定的方式行走，體態才會顯得婀娜多姿。行走時要注意以下要點：

❶頭部端正，不宜過高，也不宜低頭。頸部伸直，雙目平視前方，下頜向內收縮，面帶微

笑。

❷挺胸收腹，以腰的力量帶動腳移動，以腰部為中心。

❸肩膀放鬆，雙臂自然協調地擺動，前後擺動幅度不宜過大。

❹膝蓋伸直而富有彈性，腳跟自然抬起，步伐幾乎踏在同一條直線上，可以給人一種輕靈的美感。

❺保持相同的節奏。標準的步幅是前腳邁出一步落地時，腳跟離後腳腳尖恰好一個腳掌的長度。

行走過程中，千萬不要外八字和O型腿，也不要顛簸搖擺，重心後倒，否則會使步態神韻蕩然無存。

同時，女性的步態也受到穿著和場合的限制。一般來說，穿著一片裙、窄裙或旗袍時，步伐適合小一點，會顯得很優雅；如果穿著運動褲、牛仔褲時，步伐可以大一點，顯得活潑、青春。

高跟鞋就像女人的情人一樣，經常陪伴在女人身邊。穿著高跟鞋走路，往往能讓身材更顯修長，有曲線美。但是如果鞋跟超過六公分，會造成腳掌前傾，久之會引起足弓變形、拇指外翻及其他身體疾病，反而有損健康。

最後是優雅的坐姿。

坐下時，需要注意以下要點：

❶上身自然挺直，挺胸收腹。許多人在坐著時很容易放鬆身體，垮肩駝背，顯得非常沒有精神。

❷坐下後，不要左顧右盼，也不要低頭看自己的腳尖，以免給人一種輕浮感。

❸雙膝自然緊靠，雙腿併攏或側放，腳掌併攏或稍微前後交疊。也可雙腿併攏，讓雙膝緊靠，並將膝蓋偏向與妳講話的人，偏移的角度視沙發高低而定。但要以大腿和上半身構成直角為原則，以表現女性輕盈秀氣之美。

❹雙肩端正放鬆、兩臂自然彎曲放在膝上，亦可放在椅子或沙發扶手上，掌心朝下。

在坐姿中，如果兩腿分得很開或蹺起「二郎腿」，會顯得粗俗不雅。在坐著時，需要根據椅子的高低來調整身體的姿態。只有當椅子比較高，雙腿和身體的角度呈九十度以上時，可以採用蹺腿的坐法。具體做法是將左腿微微右傾，將右腿放在左腿上，僅小腿靠在一起，雙腿平行。注意腳尖需朝向地面，做到向內收的感覺，切忌腳尖朝天，以免顯得輕浮。

如果椅子比較矮，雙腿和身體構成的角度小於九十度，可以兩條小腿交叉而座。將兩膝蓋併攏，右小腿向前，左腳尖靠右腳跟外緣。

除了坐姿外，女性在入座時也要注意一定的儀態。通常應該從椅子的左邊入座，同樣，起立時也應該從椅子左邊起立，並將椅子擺回原來的位置。

除了以上三種基本儀態之外，在日常生活中也要注意其他的常見動作。例如在上樓梯時，身體自然向上挺直，頭部擺正，臀部微收，膝蓋微彎，整個身體的重心一起向前移動。

上車時，側著身體進入車內，不可先將頭伸進去；下車時側著身體，移動靠近車門，伸出一隻腳先踏在地面上，再用手的支撐力移動另一隻腳，頭部自然伸出，落地後再緩步離開。

女性在拾取地上的東西時，最能展現其儀態的優雅。如果只是彎著上身、臀部翹得老高，會顯得非常難看。比較優雅的姿勢是站在要拿或撿的東西旁，採取蹲下和屈膝的動作，腳稍微分開，微彎上身，拿起物品。

以上是對幾種常見優雅儀態的描述，但是儀態並非一成不變，更不可以不變應萬變，在不同的場合中，就需要不同的儀態，隨時靈活應變。儀態萬千的迷人舉止需要在平時注意每一個細微之處，並且加強訓練。

03 女性必知的社交禮儀

改變私房話 ❸

禮儀是一個人的文化修養、交際能力的外在表現，一個懂得社交禮儀、舉止得體的女性，從內而外都洋溢著迷人的魅力。

社交是幾乎每個現代人都會遇到的活動，但是，許多性格內向的女性，尤其是年輕女性，在初次接觸此類活動時，常常感到惶恐不安，容易出現臉紅、心跳加快、手足無措等現象，心理學家將這種現象稱為「社交恐懼症」。想成為一位優秀女性，最重要的就是克服這種恐懼心理，採用正確的社交禮儀，可以幫助女性在社交場合如魚得水。一位懂得社交禮儀、舉止得體的女性，想不傾倒眾生都難。

握手

握手是社交禮儀中最司空見慣的禮儀，掌握握手的禮儀要領，是女性學習成功社交的第一步。握手看似簡單，實際上是溝通、交流、增進人際交往的重要手段。

首先，握手的姿勢要優雅。行握手禮時，上身應稍稍前傾，兩足立正，伸出右手，距離對方一步的距離。握手時四指併攏、拇指張開，握住對方的手上下擺動三至七次後鬆開。一般情況下，握手要用右手，伸左手顯得不禮貌。當遇到比較熟悉的人或尊敬的人時，可以雙手行握手禮。當長輩伸手時，應疾步上前，用雙手握住對方的手，並說「見到您很高興」等表達情感的話語。

伸手時要注意掌心的方向，這往往是容易被忽略的細節。如果掌心向下握住對方的手，會顯出強烈的支配慾，顯示自己高人一等，應該極力避免；相反地，掌心向上與對方握手，則顯示出一個人的謙卑與畢恭畢敬。

握手的力量、姿勢與時間的長短，往往能夠表現握手人對對方的不同禮節與態度，應該根據不同的場合及對方的年齡、性格、地位等因素正確使用。

握手時除了注視對方和面帶微笑外，還應該注意應由上級、貴賓先伸手，如果過於主動反而會顯得不禮貌。兩對男女相遇時，應該是女士與女士先握手，再由女士分別與男士握手，最後是男士與男士握手。

用餐禮儀

「民以食為天」，尤其華人是最講究飲食文化的民族。在社交過程中，應酬吃飯必不可少，而餐桌上的禮節最能夠展現出女性的修養。當大家坐在一起吃飯時，每個人吃飯時的表現自然無法避開眾人的視線，如果吃相太難看，形象就會大打折扣。

吃飯時要注意別吃得太急太快，狼吞虎嚥最不可取。咀嚼時儘量不要發出聲音，經常用餐巾紙擦拭手指和嘴，如果滿嘴都是油，會影響他人食慾。如果食物塞牙縫，千萬不要張著嘴巴肆無忌憚地當眾剔牙。正確的做法是一隻手使用牙籤，並以另一隻手遮擋嘴巴。

說話與傾聽

和別人談話時要集中注意力，眼睛注視對方，靜靜地、耐心地聽。如果表現出心不在焉、左顧右盼或面無表情，都是不禮貌的，有失體面。在談話過程中，要儘量讓對方把話說完，不要隨意打斷或插話，如果遇到特殊情況，必須打斷對方談話時，應以商量、請求的語氣，徵求對方同意。

說話時態度要誠懇，言不由衷會讓人覺得虛偽。對方不小心口誤或有失誤之處，不應嘲笑、諷刺，以免傷害對方的自尊心；談話內容儘量不要觸及他人隱私，避免對方尷尬。交談時，如果對對方所談內容不感興趣，應該適時換個雙方都感興趣的話題，以免冷場。不要過於沉默，適當的沉默是文靜的表現；過於沉默則會妨礙雙方交談，也會引起別人的誤會，認為妳目中無人。

雙方交談時，還要注意保持人與人之間的距離。對女性來說，沒有把握好距離，可能會讓對方造成誤解，誤以為妳對他有好感。從心理學的角度切入，以人為中心，可分為四個空間：親密空間，範圍是一五~四六公分，這個空間可以允許最親近的人進入，包括父母、伴侶、情人；個人空間，範圍是四六至一二〇公分，這是一般親朋好友促膝長談的距離；社交空間，範圍是一二〇至三六〇公分，這是社交場合與人接觸的距離，若上級下屬之間保持這種距離，會讓人產生威嚴感、莊重感；最後一種是公眾空間，在三六〇公分之外，是和陌生人之間的距離。

交換名片

兩個人在社交場合初次見面，往往會相互遞交名片。**名片是記載個人身分、工作單位、聯絡方式的備忘錄，也是人際交往中幫助自己和對方相互瞭解最直接且實用的方式。**遞名片給別人時，應鄭重其事，最好能起身上前，用雙手將名片正面交予對方。如果在餐桌旁，不方便起身，也可用左手遞交名片。名片不能舉得過高，以低於胸部為宜。

收受對方的名片時，同樣要用雙手或左手接過來。如果坐著拿名片，必須身體稍起，並且認真看過，不可漫不經心，看也不看就隨便放在一邊，這是不尊重對方的行為。

穿著打扮

正確的著裝是社交禮儀中必不可少的環節。在不同的場合，著裝禮儀也不盡相同。穿著打扮不可隨心所欲，懂得合宜地打扮自己，才能不失優雅。

傳統古典的禮服或民族服裝，通常適合於各類文藝娛樂場所或特殊場合穿著；在社交晚會上，最好穿著正規的晚禮服，但不能袒胸露背、過於賣弄性感；在商務談判場合，則應穿著顏色較深的套裝，才能給人一種沉穩、值得信賴的感覺。

除了服裝以外，相關的配件也要注意，避免因為細節造成整體造型失敗的遺憾。正式場合中，無論室內外，女性均可戴帽子和手套，但是帽檐不能過寬，以免因遮擋了別人的視線而顯得失禮。與人握手時，女性可以根據環境來選擇是否脫下手套。一般來說，在寒冷的室外，只要盡到心意，不摘下手套也可以。穿裙子時，應搭配穿長筒或連褲絲襪，顏色以肉色、黑色為宜，襪口不得低於裙襬。

妝容也要與服裝搭配，根據自己的氣質、臉型來調整，同時選擇適當的髮型來增添自己的魅力。化妝的濃淡要根據時間、場合而定，一般來說，最好不要清湯掛麵，也不宜濃妝豔抹。如果妝容花了，最好到化妝室補妝，在公共場所直接補妝是不禮貌的行為。

只要掌握以上基本的社交禮儀，就邁出了走向優秀社交女性的第一步。

04 言談得體，展現女性修養

改變私房話 4

聲音是女性裸露的靈魂，柔美的聲音、得體的談吐，是妝點靈魂的祕密武器。

說某人神色自若、談笑風生，是指說這個人言談得體，舉止適宜，所說的話，能夠讓人從中得到啟示。言談舉止是一個人精神面貌的展現，很多人在社交場合中總是擔心沒有出眾的言談來打動大家、吸引別人的注意，以至於精神緊張，表情和動作反而變得十分僵硬。得體的言談舉止應該讓人感覺親切隨和、容易接近。

女性動人的談吐首先表現於富有磁性的聲音上。大嗓門往往給人「潑婦」的感覺，在電視劇中經常能看到這種大嗓門的女性，並且常是以負面形象出現；而主角則是外表可人，嗓音柔美的女性。一個只知化妝打扮，而不懂如何讓自己的談吐得體優雅的女性，只會讓人感覺虛有其表，令人生厭。

有人將聲音稱為「女性裸露的靈魂」，越是柔美的聲音，越能征服男人，令人難以抗拒。描述女性優美聲音的形容詞很多，如「銀鈴般的聲音」、「燕語鶯聲」、「娓娓動聽」等，無一不給人強烈的誘惑感，讓人深深沉醉。即使在說話時，內容尚缺乏獨到之處，但僅憑說話人動聽的聲音，也會給人一種聽覺上的享受。

聲音之美，主要展現於說話人的感情上。不同於機器人平板、刺耳的聲音，人類的聲音常常給人圓潤、動聽之感。如果話語中透著真誠、親切，即使沙啞的聲音也會變得充滿磁性。在美國，許多公司主管、甚至政府要員都會參加聲音培訓，其目的是增強聲音的感染力，培訓的重點大多是強調降低聲調。與我們所想像的相反，聲音的力量與音量的大小是成反比的。在吵鬧的場合，管理人員聲嘶力竭，試圖壓下吵鬧聲，幾乎都是徒勞；而沉默則能給人巨大的壓力，進而很快控制場面。

聲音之美，還展現在用語的禮貌上。說話乏味、粗俗甚至夾雜髒話的女人，注定與美麗無緣。講究個性化的現代人，往往想到什麼就說什麼，也不太忌諱。事實上，很可能因為一句無心的話，得罪了別人而不自知。聰明的女人會在悅耳的聲音中加入精采的內容，讓聲音成為吸引男人的美麗因素。

女人的聲音輕柔圓潤，宛如一曲動聽的音樂。溫柔的語言、親切的態度、婉轉的音調、平和的旋律加在一起，能讓一名相貌平凡的女性變得異常有女人味。如果聲音不夠完美也不要緊，得體的言談舉止能讓聽者不知不覺沉迷，忽略了不完美的聲音。

隨時保持言談的幽默感。在社交場合中，幽默的語言能夠打開交際局面，使談話氣氛變得輕鬆活絡。如果現場出現了尷尬的場面，例如兩人意見發生分歧時，幽默可以成為緊張氣氛中的潤滑劑，幫助朋友們擺脫窘境。此外，幽默還可以用於含蓄地拒絕對方的要求，或進行善意的批評，既能保全對方的面子，也避免了自己尷尬。

在語言之外，搭配適當的行為舉止，更能夠提高自己受歡迎的程度。和對方在交談時，眼神必須注視對方，這是對對方的尊重。注視對方也有一定的講究，不能直視對方的眼睛，以免給對方壓迫感，視線可以偶爾略過對方的眼神，重點應該放在眼睛和嘴之間的區域。說話時，每說三句話視線就轉向窗外，會讓人感覺心不在焉。

在說話的過程中，身體會配合傳遞出一些重要的資訊。語言與身體傳遞出的資訊若相反，會造成不誠實的感覺。無論什麼場合，都用自然的微笑傳達善意，能給人一種親切自然的感覺；無論什麼時候，都要集中精力與人談話，這樣才能表現妳對對方的尊重。

在社交場合，以下幾種行為是交談過程中的大忌，有損女性形象。

❶過於沉默或滔滔不絕。或許因為性格內向，有些人不管別人說什麼，總是一聲不吭，將現場的氣氛破壞殆盡。有些人又過於外向，一旦打開話匣子，也不管別人的喜好，自顧自地滔滔不絕，一直到對方覺得厭煩還不自知。更有甚者，言談中總是以「我」開頭，

話題總是以自己為中心，很容易引起別人的反感。

❷在說話過程中談及禁忌話題或隱私，包括別人的生理缺陷、家庭不幸、心理傷痛等。就像英國人喜歡談論天氣一樣，談話時可以先從一些無關痛癢的話題來切入，以避免不小心觸犯別人的禁忌。有句俗語，「入境而問禁，入國而問俗，入門而問諱」，指的是先瞭解別人的禁忌，這對社交成敗至關重要。

❸在談話中，如果總是炫耀自己的能幹或是自己的成功，會讓對話感到自卑，說過頭了，更會給人說大話的嫌疑。有些人為了成為談話的中心人物，喜歡隨便解釋某些現象，妄下斷言，藉以表示自己的博學多聞，一旦時間久了，容易給人留下誇誇其談的印象。

❹採用繞圈子的說話方式，避實就虛、意在言外，或只用概括的方式，讓聽者很難摸清說話者的意思。一場談話下來，交談雙方猜來猜去，覺得非常累，彷彿打了一場仗。華人的特點之一是講話含蓄，是指在說話過程中多聽、少說，儘量站在對方的角度考慮問題，而不是說話繞來繞去。

❺別人正在說話時，不合時宜地打斷別人的談話或搶接別人的話頭。所有人在談話的過程中都希望別人能夠認真傾聽，尤其是正講到興頭上時，如果被人強行打斷話題，心裡肯定不高興。

說話是一種藝術，會說話的人，就是創造藝術的人，給人一種美的享受。某戶人家逢添丁之喜，鄰居都前來道賀，有人說：「這個小孩好可愛啊，長大了一定是個帥小子。」有人說：

「這個小孩面相很好，長大後一定很有出息。」還有個人說：「這個孩子將來一定會死去。」大家都知道，最後一個人的話一定會實現，其他兩個則未必。可是，前面兩個人所說的話會讓孩子的家人喜笑顏開，最後一個說的話卻讓人覺得非常難受。

與人交談，既有思想的交流，也有感情上的碰撞。任何言語的貧乏、枯燥和淺薄，都會讓人感到非常厭惡。如果女性用柔媚的聲音，加上不俗的談吐、幽默的語言，並用豐富的肢體語言來表達，將會令聽者傾倒。

05

微笑讓女性立於不敗之地

改變私房話 5

微笑，是人類獨有的智慧。臉上時刻保持微笑的女人不僅最美麗，更充滿了智慧。

這是個充滿美女的時代。走在大街上，到處充斥著漂亮的服飾、美容中心，無疑是個大量製造美的時代。然而，當我們的視線掠過形形色色的美女時，會發現真正的美女臉上總是帶著微笑。一個臉上帶著淡淡寧靜微笑的女性，會讓看者的目光也不自覺地溫柔起來。

名畫《蒙娜麗莎》的美就在於她臉上的微笑，其神祕的微笑讓全世界人都為之傾倒。《詩經》裡有一句話叫「巧笑倩兮，美目盼兮」，描繪出女人笑容的最高境界，這也是「回眸一笑百媚生，六宮粉黛無顏色」的原因。在兩性之間，女性一直以稍微弱勢的形象出現，而微笑彷佛是上天賜給女性最有力的武器，能夠瞬間讓男性繳械投降。

美國的社會心理學家亨利博士曾做過一項關於女性微笑的社會調查研究。他將女性的微笑比作「女性的本色違章」，是安撫比自己強壯的男性的最好武器。亨利博士調查發現，在社交場合中，女性微笑的時間一般佔總活動時間的八七%，而男性的比例只有六七%。在面對異性時，女性報以微笑的可能性比男性高出二十六個百分點。

隨後，亨利博士還展開了一項實驗，選擇十五名表情各異的女性的照片，有開心的、悲傷的、面無表情的等各類照片。二五七名實驗參與者對比這些照片，進行魅力的測試，實驗結果表明：表情沮喪的女性的魅力評分最低。而且，女性如果臉上沒有微笑，就會被認為是不高興的表現。

另一名心理學家也指出，談戀愛會讓女性看起來光采照人，原因也在於戀愛中的女性臉上總是不自覺地帶著明媚笑容。甚至，在婚姻問題當中，笑聲也成為衡量夫妻關係是否融洽、婚姻是否成功的標準。

難以想像，總是板著臉、怒氣沖沖的女性臉孔會是什麼樣子，可以肯定的是，一定讓人避而遠之。**微笑是女性臉上最好的化妝品，不需要花錢，隨時隨地都可以展開**，也不用擔心補妝，只要妳願意，就可以笑得無比燦爛。微笑也是女人最美好的臉部表情，微笑代表了一種積極樂觀的人生態度，微笑的女性勇於面對各式各樣的生活。

然而，微笑並不是隨便笑笑而已，有一定的要求，做得不好，會使人覺得不舒服。那麼，女性應該怎樣發揮微笑的魔力，恰當地運用微笑這件武器呢？

首先，微笑應該是發自內心的，「皮笑肉不笑」只會讓人心裡升起一陣寒意。迷人的微笑要真誠、適度，只有發自內心的微笑，才是真正大方、親切的微笑。這種微笑能夠讓人產生信賴感，讓別人覺得和妳在一起很愉快，覺得妳是值得尊重的人。

心情難過、憤怒時，千萬不要勉強自己裝出微笑。在生活中，我們都有過類似地體驗，當人處於悲傷的情緒中，很難笑得出來，即使擠出笑容來，也是苦笑。能夠微笑時就微笑，笑不出來時也不要勉強自己，否則只會給人虛假之感。

在美麗溫暖的陽光下，在碧波蕩漾的海灘上，在風景宜人的風景區，或在朋友聚會時，人會獲得一種身心的愉悅感，臉上也自然會有幸福的笑容。這種笑容不是面具，而是真正的發自內心的微笑。因此，當妳遇到生活中的挫折時，不妨拋開那些讓人煩惱的事，走進大自然、走進朋友群中，讓笑容自然地回到自己的臉上。

其次，**不要吝嗇自己的微笑**，記住一句話：「笑也是一天、哭也是一天，為什麼不微笑著度過每一天。」微笑是一種不花錢就可以獲得的「化妝品」，臉上常常掛著笑容，會讓別人覺得妳是有修養的女人。微笑被稱為是「解語之花，忘憂之草」，無論在什麼時候，只要看到微笑的臉，就能讓人心情變好，因為笑是具有傳染性的。

每天出門時，保持微笑，預示著美好一天的開始；走在路上，遇到陌生人，請保持友善真誠的微笑，將好心情傳遞出去；給那些不幸的人一個鼓勵的微笑，可以減輕他們身上所遭受到的苦難。經常微笑的女人，可以讓人放下心靈的負擔，重新審視美好的世界。

臉上總是保持微笑的女人，一定也是善良開朗的人，她會友好地對待每個人，周圍的人也能夠從她的笑容裡感受到什麼是快樂。喜歡微笑的女人，一定也是個自信的女人。男人都喜歡和自信的女人相處，自信的女人有更寬廣的生活，能帶給男人更愉快的生活體驗。

微笑也是一種溝通的語言。微笑沒有國界，是溝通人類心靈的重要關鍵。微笑是一種情緒的調節器，能夠使暴怒的人瞬間平靜下來，也能讓驚慌失措的人立刻放鬆。當一個人初次接觸到陌生的環境時，微笑能讓溝通變得簡單，它能有效化解人與人之間的尷尬，使大家能夠很快地熟悉彼此。

有人說，男性與女性就像來自不同的星球，總覺得對方難以捉摸。而微笑則能去除男女之間的交流障礙，傳達出許多語言無法傳達出的信號。兩個相愛的人，只需要一個微笑，就能心靈契合。女性如果能有效地掌握微笑此一工具，就能夠瓦解男性所有的防備，縮短彼此間的距離。

英國哲人培根（Francis Bacon）說：「妳的微笑就是妳好意的信差，妳的笑容能夠照亮所有看到它的人。」在商店購物時，如果服務人員臉色冷若冰霜，顧客一定會大量減少，而滿臉笑容的服務人員卻能讓顧客如沐春風，忍不住再次光臨。

微笑還有保健的作用，女性在社會中承擔的角色多、壓力大，好好疼愛自己，其實也是愛家人的一種方式。外國有句諺語說：「一個小丑進城，勝過一打醫生。」可見，良好的心情對一個人的健康有多麼重要。有個女孩被醫院診斷出罹患癌症，她萬念俱灰，失去了活下去的勇氣。短短一個月，身體急劇消瘦，臉上也失去原有的光采，儼然生命已走到盡頭。在家人的鼓勵下，女孩決定住院治療。然而，治療前的例行檢查卻顯示：女孩身體完全健康，之前的檢查是誤診！笑容又重新回到了女孩的臉上，不久後再度出現了生命的光采。

微笑，是人類所獨有的智慧。臉上時刻保持微笑的女人，不僅是最美麗的女人，也是充滿智慧的女人。嘴角微揚、泰然自若的微笑表情，能然人陶醉在「寵辱不驚，笑看庭前花開花落；去留無意，漫隨天外雲卷雲舒」的境界之中。

06 巧穿搭，讓形象說話

改變私房話 6

外在是內在的延伸，
得體的外在形象能充分展現出內在氣質，
服飾搭配則是外在形象最重要的構成部分，
是形象設計的靈魂。

女人的內在、外在可以是統一的，也可以各自獨立。如果分開來看，各有各的美，合為一體卻顯得非常不協調，也會減弱原有的美。如何根據自己的喜好、性格等因素進行外在的形象設計，是一門大學問。而服飾搭配則是這門學問中最重要的部分，是形象設計的靈魂。

中華服飾文化中的服裝包括上衣和下裳的搭配，以及帽子和鞋子的選擇。事實上，相對於西方服飾的藝術感來說，中華服飾更重視階級性、群體性的表現。隨著東西方文化的交融，中華服飾之美兼具兩種特色，既保留了傳統服飾的含蓄美，又融入了西方服飾的開放美。

服飾是人類的第二層皮膚，也是一種無聲的語言，是一個人價值觀的體現，也是社會地位的象徵。服飾的作用，是將人們的注意力集中在做為審美對象的女性身上，而不是讓人們將注意力放在服飾本身。所以，在選擇適合自己的服飾時，斷不可讓服飾奪去了自己的光采。

穿出自己的美

正確的服飾搭配有三個步驟，第一是選擇適合自己的衣服；第二是創造服飾與身體搭配的和諧感；第三則是體現本身的個性美。

首先，在選擇服裝上，要正確認識自己的職業、身分、年齡、性格等各種因素。在現實生活中，總能看到一些「不服老」的女性，明明徐娘半老，仍然喜歡穿著顏色粉嫩的服裝扮年輕，給人一種極不協調的感覺。不顧自己的實際情況，將服飾之美簡單地理解為新潮、前衛，不僅無法穿出美，還可能弄巧成拙。

服飾有年齡之分，色彩明豔的服裝可以給人熱情與振奮的感覺，適合於年輕女性；色彩柔和的服裝，給人穩重的感覺，比較適合於三十歲左右的女性，能夠為她們的事業提供一定的助力；而凝滯性色彩的服裝，則適合進入不惑之年的女性穿著。服飾也有性格，如能與穿著者的性格相配，會加深美感的程度；反之，服飾則會成為一種強加物，就好像一個性格大剌剌的女孩穿了一件淑女裙一樣，格格不入。服飾有季節，不同的季節選擇不同材質、色彩、款式的服裝，才能相得益彰。再美的迷妳裙，在寒冷的冬天穿著，不僅無法給人絲毫的美感，反而讓人感覺瑟瑟發抖。服飾要分場合，特定的環境需要特定的服飾，以獲得視覺與心理上的和諧美感。

好的搭配讓形象更加分

選擇好合適的服飾，接下來就要進行服飾的適當搭配。服飾的整體視覺效果，指的就是注意著裝的整體造型，這是評判形象和品味的先決條件。採用上下裝同質料或同材質的搭配方式比較保險，也比較容易掌握。但是這種搭配中規中矩，往往不夠出色，甚至顯得單調。可以適當採用不同的質料，形成豐富的搭配效果，有時會給人意想不到的驚喜。

服裝有三個基本要素，即款式、質料和色彩，其中又以色彩最為重要。所謂「先色奪人」，遠遠走來一個人，最先吸引我們目光的總是色彩。色彩幾乎覆蓋了全身，因此色彩搭配的成功與否，直接決定了服裝搭配的成敗。服裝和色彩搭配所展現出來的美感包括兩方面，一是服裝搭配的色彩運用，二是服裝色彩與膚色的搭配。一位美麗女性的穿著讓人眼前一亮，引人注意往往不是某一塊色彩，而是整體的色彩組合給人帶來強烈的視覺衝擊力和愉悅感。

色彩的三要素包括色相、純度和明度，熟練的運用這三種要素是色彩搭配的關鍵。色彩搭配的方式很多，簡單來說，可分為兩大類：一類是相近色系的搭配，另一種是對比色的搭配。相近色系的搭配相對比較容易，由於顏色相近，搭配的協調度高，但若搭配不好，會有一種沉悶的感覺。而對比色的搭配主要指兩個在色相環上相隔較遠的顏色搭配，如黃色與紫色，配色比較強烈。這種搭配比較冒險，但搭配得好，會有意想不到的效果。

搭配時，首先確定想凸顯哪個部分，選出搭配的主次關係，才能使色彩分出層次感來。千萬不要將深色系與黑色放在一起，如深褐色、深紫色與黑色搭配，會讓服裝變得沉重，整體搭配缺少重點。

對比色搭配中最難把握的是補色的搭配。補色在色相環中是相對的兩種色彩，如紅與綠。紅色與綠色的搭配在過去被認為很土氣，原因在於兩者配合起來確實很難，稍有不慎就會感覺俗氣。但是，現在補色的對比成為了一種潮流，其關鍵點是二者的明度必須相等。補色對比中，只有黑與白的搭配是永恆的經典，不會受到潮流的影響。

傳統觀念認為，一個人身上的色彩不能超過三種顏色，否則會令人眼花繚亂。現代觀念再次打破了這個定律，韓劇《My Girl》中的女主角每次出場都穿著至少三種以上色彩的服飾出現，仍然讓人眼前一亮。使用三種以上的色彩進行搭配，要想搭配得好，更難。搭配技巧是把握色彩的重心，不能每種色彩同等重要，只能選擇一種或兩種色彩佔主要的位置，其他的色彩都是陪襯，這樣才會有色彩的協調感。

不同膚色的女性，選擇的服飾色彩也不盡相同。有的人比較適合紅色，有的人比較適合藍色，不一而足。女性在選擇適合自己膚色的服飾時，可以多方嘗試，讓周圍的朋友或借重色彩專家給予建議。

打造專屬的風格美感

最後，服飾的搭配還要能展現自己的個性。服裝是性格的外向延伸，透過每個人的服飾特點，能夠看出某個人比較活潑或比較內向。有的女性嚮往自由，不願意被繁重的工作所束縛，因此傾向於選擇寬鬆、舒適、休閒風格的服裝；有的女性喜歡嚴謹的工作風，因此喜歡選擇職業套裝，俐落而幹練。

在逛街時，我們常有這種經驗，看到某類服裝，很直覺地認為適合某位朋友。如果經常選擇某類服裝，可以形塑一種個性化的特徵。個性化的服裝特徵往往能給人留下深刻印象，甚至會成為一種美好形象留在男性的腦海中。但是，個性化的服飾搭配也必須配合於不同的場合，例如，在嚴肅的辦公室穿著風格強烈的休閒裝，就會顯得不倫不類。

配件搭配是服飾搭配中的一部分，在選擇帽子、鞋、襪等物品時，要注意風格、色彩的協調性。服飾搭配的技巧並非與生俱來的才能，必須經過後天的培養。女性們可以透過閱讀時尚雜誌、逛時尚精品店等來訓練自己的服飾搭配眼光。

07 暴露，不等於性感

改變私房話 7

性感不只是視覺的衝擊，更是一種感覺，即對異性的致命吸引力。

性感包括一種極具個性的氣質、一種能吸引他人的個人魅力，以及一份恰到好處展現內在和自身優勢的智慧。

怎樣才叫性感？擁有豐滿的胸部，還是厚厚的嘴唇？對女性來說，性感常常停留在三圍等話題上，認為性感應該是像瑪麗蓮．夢露那樣擁有誇張的三圍。在女性眼中，性感是一種視覺效果，為了表現自己的性感，許多女性會穿著非常暴露的服裝。

這儼然已成為一種普遍的現象，走在大街上，經常能看到讓人瞠目結舌的服裝。褲腰越來越低，甚至露出半個屁股；上衣短了再短，短到僅僅遮蓋胸部；袖子也不斷縮短，一直到袖子被取消，露出了大片脖頸的肌膚。在某些情況下，這些行為確實能給人巨大的視覺衝擊，但大多與性感無關。事實上，暴露扼殺了人的想像力，反而失去了「猶抱琵琶半遮面」的美感。再者，隨著穿著服裝越來越暴露，人們對性感的感知度卻越來越低，可見暴露並不等於性感。

在男性眼中，性感分為兩個部分，一是視覺的衝擊，更重要的則是一種感覺。性感的定義是一個人的身材相貌或穿著打扮，容易讓觀察者產生性衝動的感覺，即對異性的致命吸引力。**性感的概念，包括一種極具個性的氣質、一種能夠吸引他人的個人魅力，以及一份恰到好處展現內在和自身優勢的智慧。**

在展現性感之前，必須首先認識自己的身體外形。有的女孩穿上細肩帶洋裝給人性感的感覺，換個人來穿，只會讓人將視線停留在粗壯的手臂上。同樣，露臍裝可以表現女性纖細的腰身，也能暴露粗壯的水桶腰。時尚的性感和低俗有時只有一線之隔，稍微過界，就是截然不同的感覺。以下就一些公認的性感裝扮來進行講解，讓大家重新認識性感。

透視裝與暴露裝，不可同時採用

不管是若隱若現的欲語還休，還是火辣辣地撩撥人心，都是普遍公認的性感利器。但是兩者一起出現，卻有一種「正正得負」的感覺，直接將性感轉變成低俗。如果選擇透視裝，一定要注意內衣的搭配，無論是顏色還是款式都要精心挑選；如果選擇暴露裝，乾脆大大方方地展現美好身段，但是切記，不要露得太多。

內衣外穿的風情

內衣外穿並不是像超人一樣將內褲穿在外面，而是指在穿衣服時，適當地露出內衣的肩帶或局部。選擇寬幅的一字領服裝，內衣肩帶會在不經意間時隱時現。在某些場合，這是一種非常誘人的裝扮，但在搭配時一定要注意細節的處理，否則就會產生廉價之感。露出的內衣肩帶應當設計簡約，低調的黑色無疑是最佳選擇；花俏的蕾絲或繡花樣式的肩帶絕對不要外露；配襯帶時，服裝搭配也儘量考慮低調的深色系或高級一點的質料來降低失敗的可能性。

迷妳裙的性感

自從服裝設計師瑪麗．闕（Mary Quant）將迷妳裙帶入我們的視線中，半個世紀過去了，迷妳裙仍然是一種重要的服裝形式，長盛不衰。迷妳裙緊緊包裹住臀部，強化了臀到腿的線條，展現出驚人的身體弧線。但是，如果大腿較粗的人來穿，就會顯得粗線條，與性感一點關係都沒有。迷妳裙最好搭配高跟鞋穿著，可拉長腿的長度，使比例更完美。注意，如果迷妳裙短得包不住臀部，就變得俗不可耐了。

不露胸也可以很性感

放眼國內外的影視頒獎典禮，發現幾乎所有的女明星，無論高矮胖瘦，清一色半裸酥胸。看久了，令人產生審美疲勞，完全看不出性感。更有甚者，曾看過某女星在正式場合中不時伸手整理胸口薄透的衣料，害怕走光，讓人看得膽戰心驚，更不要說性感了。除了利用「胸器」外，不妨嘗試展露身體其他部位的性感，例如強調香肩的設計，或在不經意間展露纖纖細腰，這種看似無意卻有意的性感更能打動人心。

豹紋圖案的野性點綴

自然界的豹紋圖案給人一種野性之美，用得漂亮，整個人都會被染上一種不羈的性感。曾見某女星出席公共場合時，穿著一身的豹紋圖案，從頸部以下直包到腳，給人的第一感覺是動物園的動物跑出來了。其實，小面積的豹紋圖案確實能為性感加分，例如服裝上綴有小區塊的豹紋圖，或豹紋的手提包，就能讓人感受與眾不同的性感風情。

蕾絲和花邊的大膽運用

蕾絲和花邊展現了許多女性的公主夢，在領口、袖口運用蕾絲，有一種若隱若現的美感。選擇有蕾絲的服裝時，蕾絲面積最好不要超過整體面積的三〇％。蕾絲也儘量選擇質地細緻、有通透感的，否則只會產生廉價的感覺。

上文所說的性感，僅指由外在服飾搭配所產生的。其實，性感也可以從骨子裡透出來，散發讓人難以抵抗的誘惑力。性感有時會在很微妙的動態中產生，往往只是一剎那，卻讓人不知不覺地陷進去。所以一舉手，一投足、眼波的流轉、顧盼之間的神情，都可以形成性感。

真性情的性感

冷漠驕傲的女性往往給人高不可攀的感覺，男性們避之唯恐不及，更談不上性感了。而敢愛敢恨的女性，對生命充滿熱忱，能強烈地影響到周圍人對生活的態度。感性與性感向來相輔相成，感性的人一顰一笑、舉手投足間，無不給人強烈的感染力。

眼波流轉間的性感

眼睛是心靈之窗，一雙性感的眼睛不等於堆砌過多的彩妝，而是從眼睛裡透露出來的媚惑。無論是憂鬱、迷惘，還是天真的眼神，只要有神韻，就能在顧盼流轉之間，展現出難以抵擋的性感。

總之，暴露不等於性感，無限暴露也不代表就有吸引力。性感既是一種靜態美，也是一種動態美。

08 打造良好形象，追求真正時尚

改變私房話 8

時尚是一種態度，
是在生活中獲得輕鬆和快樂的一種方式。

時尚與服裝關係最密切，法國時尚學院認為，懂得穿著的內涵是時尚最重要的條件，時尚是一種態度，和諧的組合、色彩的搭配和種類的多樣性，皆反映出內在的品味與修養。

做為世界時尚中心，法國巴黎是全世界所有時尚設計師的夢想之地。法國的時尚品牌最看重的是高品質，色彩設計、精緻的質料與考究的作工，無論何時，都是女性的夢想。

女性具有強烈的好奇心，對於新鮮事物總是保持很大的熱情。不僅如此，女性通常也比較敏感，有一種不想落於人後的心思，常常會因為跟不上潮流而感到羞恥。或許很多女性都有這樣的經驗：省吃儉用，也許只是因為一個限量包包；或奔波在名牌打折時的搶購風潮中，絲毫不覺得疲倦；或將某件衣服做為自己奮鬥的目標，堅持不懈的努力瘦身減肥。

這絕對不是真正的時尚。事實上，每一個奢華品牌的背後，都有自己獨特的品牌文化和理念，代表著某種精神。如果僅僅是為了炫耀而將這些衣服或包包穿搭在身上，並不是真正的時尚，而是一種盲從。

真正的時尚，只不過是在生活中獲得輕鬆和快樂的一種方式而已。時尚，首先必須有自我風格，不一定要穿戴名牌，但一定有良好的審美品味。法國設計師亞曼尼（Giorgio Armani）表示：「風格，是每個人都有資格擁有的真正奢華，無論妳富有與否；優雅，則是在喧騰的潮流中持守寧靜。」

一個擁有自我風格的人必須瞭解自己的特點，選擇適合自己個性的服裝，不會盲目被流行牽著走。風格化並不代表標新立異、獨樹一幟。前提是瞭解穿著的基本規則，知道怎樣穿著才會出色。在正式的場合裡，絕對不會穿著鬆鬆垮垮的衣服；在非正式的場合，也不會穿上誇張的禮服。

真正適合自己的服裝，只有自己才最清楚。如果盲目跟風，流行什麼就穿什麼，只會給人怪異的感覺。一個身材豐腴的女孩，在粉色流行時，穿著滿身的粉色，只會讓人想起粉粉的麥兜[1]。筆者曾經看過兩個女孩一起挑選服裝，兩人一邊挑選，一邊分享現在的時尚，結果選擇的衣服不倫不類，毫無美感可言。

選擇服裝時，請不要被時髦的新款所誘惑。那些看似色彩豔麗、時尚動感的新款服裝，也許過了這一季就退流行了。儘量選擇適合自己的經典款式，即使多花一點錢也無妨，因為隨著時間的推移，經典絕不會輕易褪色。

想要塑造屬於自己的風格，就必須擁有創造性。「時尚」原本就與創造緊緊相連，歷史證明，每一次新的時尚出現，都是在特定的時間內由少數人所創造，然後成為社會大眾所崇尚和仿效的生活方式。法國的芳達姬（Fontanges）髮式就是由當時法國國王的情人芳達姬女爵所創造的，據說有一次芳達姬在騎馬時，因為風太大了，所以用一條絲帶將頭髮綁起來，形成高高的芳達姬髮式。沒有想到這種髮型引起了整個上流社會的追捧。那時的法國人喜歡將自己的髮髻梳得高高的，一個髮型往往要花一個多星期才能完成，需要大量固定髮型的麵粉、髮膠等材料。梳好的髮型必需保持一個多月，甚至長了蟲子也不能洗頭。追根溯源，最初的芳達姬不過是想讓自己的髮型不要妨礙騎馬而已，誰能料到後來的女性會將其發展成一種病態的形式。

真正的時尚人士，一定是某種生活方式的創造者和引領者。生活方式是個更廣闊的概念，不單單是富裕的物質，更是一種自我的信念，一種精神的追求，一種持之以恆的價值觀。具有時尚精神的女性，總是用自己的方式去改良或創新她所看到的，用一種樂觀的心態去建立屬於自己的生活。這是一種積極的人生態度，當面對生活與工作的重負時，在精神趣味與生活價值觀念上做出自我調節。

時尚女性也是一個注重自身細節、追求生活品質的人。無論是服裝、配飾、甚至化妝都是如此，只有細節做到了，才能給人精緻的感覺。「細節決定成敗」，整體的妝容也許就是毀在

1 香港動畫主角，一隻可愛的粉紅豬。

一些細小的不足之處。許多人都醉心於韓劇中男女主角的時尚精緻，其主要原因就是細節。只有細節做到了，才能離美麗更進一步。一個外表看似時尚的女性，如果領子不乾淨、身上有汗漬或絲襪鉤破了，美好的形象將大打折扣。

時尚猶如一把尺，能夠丈量出女人靠近美的距離。時尚的妝容脫離了原有的濃妝豔抹，顯現出了一種清新與淡雅的自然。事實上，無論何時，過於濃豔的裝束都不能稱得上「時尚」，而是矯飾，是一種讓人「面目全非」的拙劣手法。

清淡彩妝能夠使女性的肌膚達到最自然的狀態，利用保濕保養品增加保水度，讓肌膚更加滋潤細膩。不過分強調濃重的線條，而是從自身基礎出發加以修飾，盡可能採用輕柔的手法。最高明的化妝術，是讓人看起來似乎沒有化妝一樣，並且能夠自然地顯現自己的個性與氣質。

拙劣的妝容是試圖掩蓋自己的缺點或年齡，卻在不經意間失去了個性美。事實上，化妝無法從根本上改變一個女人。如果女人睡眠充足、注意運動與營養保健，讓皮膚改善、精神充足，比化妝有效得多；如果女人具備賢淑的氣質，多讀書、多欣賞藝術、多思考、對生活樂觀、對生命有信心、心地善良、關懷別人、自愛而有尊嚴，這樣的人，即使不化妝也會魅力四射。但請記住，無論化妝與否，都必須與服飾搭配，才能呈現良好的形象。

時尚不是刻意的造作，也不是空泛無所指的夢囈。時尚有血、有肉、有思想，是人們精神領域的高雅推崇。但同時，時尚也不能脫離生活，它不僅僅源於時尚雜誌，也不是遠在巴黎或紐約，而是真實存在於我們的生活之中。

09 適度運動，塑造性感女人

改變私房話 9

魅力不是靜止的標本，而是動態的吸引。
運動能使女性擁有勻稱健康的體態、
充滿活力的外表和生氣勃勃的精神面貌，
這些都是發揮魅力的源泉。

運動醫學專家認為，人體是一個全面的動態平衡體系。透過運動，女性能夠重塑自己的體型。愛美是女性的天性，而運動能夠使女性擁有勻稱健康的體態、充滿活力的外表和生氣勃勃的精神面貌。

現代科學技術的發展，使人們的勞動方式與所處的自然環境等發生了巨大的變化，同時也產生了一連串不利於人體健康的因素：長時間高度緊張的工作、體力勞動相對減少、飲食不適

當等等。久而久之，容易使人產生緊張、壓抑、憤怒、嫉妒等負面情緒，損害身體的健康。世界衛生組織認為，身體健康應該有十條標準：

❶有足夠充沛的精力，能從容不迫地應付日常生活以及工作的壓力，而不感到過度緊張。
❷處事樂觀，態度積極，樂於承擔責任，事無巨細不挑剔。
❸適度休息，睡眠良好。
❹應變能力強，能適應外界環境的各種變化。
❺能抵抗一般性感冒和傳染病。
❻體重適當，身材勻稱；站立時，頭、肩、臂位置協調。
❼眼睛明亮，反應敏銳，眼瞼不易發炎。
❽牙齒清潔，無空洞，無痛感，齒齦顏色正常，無出血症狀。
❾頭髮光澤，無頭皮屑。
❿肌肉、皮膚有彈性。

經常運動會產生大量汗液，加速血液循環，提高身體的免疫能力，延緩衰老。同時，在鍛鍊的過程中，肩部、背部的肌肉線條變得緊實，腰部變得纖細苗條，整個身體曲線也會顯得玲瓏有致，散發出性感的美麗。

運動為女性帶來這些功效，是世界上一切藥品、保養品所不能代替的。要想透過運動達到身體健康、永保青春的目的，就應該堅持以下幾個基本原則。

首先是選擇適合自己的鍛鍊方式。每個人的年齡、體質都有差異，在練習的強度與運動量方面也應該有所區別，做到適當控制，度量適宜。

對於想要塑造曼妙體型的年輕女性來說，舞蹈是不錯的選擇，不僅能夠塑造窈窕身材，還能使精力更加充沛，提升整體氣質。因此，舞蹈成為了許多女星的最愛，例如藝人小S的拉丁舞跳得性感迷人，梁詠琪的爵士舞也帥氣十足。以下介紹一些時尚動感的舞蹈，幫助女人們塑造優雅迷人的身姿。

嫵媚動人的肚皮舞

來自於埃及的肚皮舞，舞姿時而柔媚，時而激情熱烈，時而優雅。肚皮舞要跳得好，關鍵是整個身體像蛇一樣柔軟，用腰部帶動胯部的扭動。胯部要隨著音樂的節奏扭動，快慢有致，再加上腹部的適度震盪，讓嫵媚動人的感覺盡情流露。

盡情舞動自己的腰、臀、肩和腹部，可使身體的脂肪充分燃燒。同時，大幅度的扭胯動作，能使腰腹部充分鍛鍊。久而久之，腰兩側的贅肉會逐漸消失，腰部的線條也會變得自然而柔和，進而擁有平坦的小腹和完美的小蠻腰。

激情火辣的拉丁舞

拉丁舞主要起源於美洲各國，音樂熱情奔放，節奏感強。拉丁舞的步法強調自由流暢，想跳得到位，動作要領在於腰胯間「8」字形的擺動。這些動作能展現女性的優美線條，流露出青春活潑的氣息。

跳拉丁最重要的是舞者的自信，動作做到位的同時，舉手投足間還要有一份自信的優雅。持續鍛鍊，對於燃燒腰腹脂肪、消除贅肉，都有很明顯的作用，使身體肌肉線條更加優美。據專業人士說明，拉丁舞包括倫巴、森巴、恰恰、牛仔，以及鬥牛舞等舞步，可以讓腰部和大腿內側的肌肉得到充分運動。

活力四射的街舞

街舞起源於美國黑人街頭的即興舞蹈。紐約和洛杉磯是世界街舞的中心，現在日本和韓國街舞也非常流行。練習街舞時所用的音樂是節奏強烈的Hip-Hop音樂，舞者身體隨著節奏舞動，強烈的動感中活力四射，讓旁觀者都禁不住躍躍欲試。

街舞與其他舞種相比，更強調隨性和創造性，要求動作鬆弛，所以練習時要盡可能放鬆自己的肌肉、關節，更靈活地隨音樂擺動。街舞的爆發力強，肢體動作誇張，可以跳得自然隨意，也可以加入以頭頂地旋轉等高難度動作，因而成為了青少年表現自我的一種身體語言。跳街舞還是一項有效的瘦身運動，可以大量消耗全身脂肪。

俐落帥氣的爵士舞

爵士舞蹈起源於黑人舞蹈，而現今的爵士舞具有更多的包容性和流行性，像新爵士舞就在爵士舞的基礎上增加了現代舞的元素，動感更強。爵士音樂的節奏很奇特，變化的拍子較難掌握，舞者需有較強的音樂感和豐富的表現力。跳爵士舞時要有融入音樂的感覺，舞步才能自然流暢。平衡能力在爵士舞中也很重要，舞步的重心轉移必須清晰，此外，更要技巧性地借助目光做定位，協助轉身時得以平衡。

出色的爵士舞者都擁有健美的肌肉，體脂肪量通常都比較少。爵士舞對小關節、小肌肉的運動較多，這些都是平日健身不大容易活動到的部位。另外，舞蹈還具備有氧運動的效果，使練習者在提高心肺功能的同時，達到減肥的目的。

其次，鍛鍊必須持之以恆，如果只是偶爾運動一下，反而有損健康，只有持之以恆的鍛鍊，才能收到良好的效果。而且，長期運動一旦終止，也有可能會引起不良的後果，例如導致肥胖。運動習慣一旦終止，每天消耗的熱量相對減少，但飲食習慣卻並未跟著改變，必然會引起肥胖，甚至發展成高血壓、糖尿病、缺血性心臟病等。所以，要想透過運動獲得健康的身體和性感的身材，就必須有心理準備，維持一生始終不間斷地適當運動。

運動時，要講究運動的科學根據。運動應該循序漸進，尤其是初學者，應注意內容要由易到難；練習的時間要由短到長；練習的強度由小到大。例如，剛開始進行身體鍛鍊的女性，可以選擇一些強度不大的運動，例如爬樓梯、快走、慢跑等有氧運動。過了一個階段後，可以進階為強度比較大的運動，例如跳舞、游泳等。

運動不能過量，否則身體也會受到很大的傷害。例如每天慢跑十五公里，跑數個月後，有些女性月經量會變少，甚至停經。運動過量的另一大傷害是關節磨損，由於許多運動必須對抗地心引力，長期下來，關節會比常人磨損得快，關節一旦破壞就很難復原，所以適量運動是非常重要的。一般來說，運動時身體不感覺難受就是適量。運動量可逐漸增加，直到自己能適應的穩定狀態，使之成為生活習慣的一部分。

適量運動不但可以健身，塑造性感苗條的身材，還能改善精神、調劑情緒，調理神經系統和內分泌系統，使女性的心理處於最平穩的狀態。

10 呵護肌膚，讓青春永駐

改變私房話 10

青春是魅力的王牌，肌膚則是身體的鏡子，青春和衰老在這面鏡子上的展現最是直接。

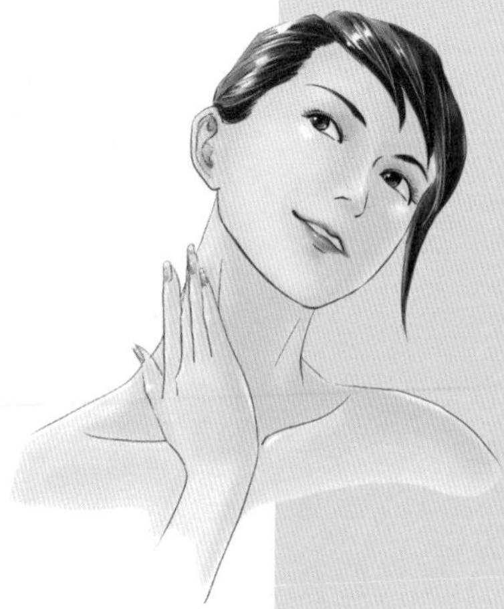

皮膚就像人體的鏡子，能夠真實反映出人體的健康狀況和精神面貌。光滑、富有彈性的皮膚，看起來才賞心悅目。**肌膚總在不經意間洩露女性的年齡，想要延緩衰老，留住青春，保護肌膚是最有效的方法。**

女星潘迎紫已經六十多歲，看起來仍然如同妙齡女郎，有「娃娃」之稱。她臉上的肌膚細膩、有光澤，完全看不出歲月的痕跡。人的皮膚和身體一樣，也是有生命的，需要營養補給。保養品等物質可以透過皮膚表層的角質層細胞、毛囊或細胞間隙而被真皮吸收，進入體內。瞭解肌膚的特點，護膚得當，才能讓保養品發揮功效，有效改善皮膚的狀態。隨著年齡的增長，肌膚也呈現出不同的特徵，不同年齡層的女性保養方式也不盡相同。

因「齡」制宜呵護肌膚

二十歲左右的女性，猶如一朵盛開的花，嬌嫩、鮮豔欲滴。在此階段，女性的皮膚大多細膩光滑，除非有青春痘等皮膚問題，否則通常不需要特別的護理，只需加強臉部清潔，就是最好的保養。在寒冷或乾燥的季節可以選用乳質面霜，補充肌膚營養。

二十到三十歲的女性，進入為事業奮鬥的階段。面對工作壓力，最應該預防的是皺紋產生。在此階段，仍然處於女性身體機能的高峰時期，臉部肌膚仍然保持活力。選擇合適的保濕面霜，可以防止臉部皺紋提早出現。

三十到四十歲，女性身體機能開始逐漸走下坡路，臉部肌膚的新陳代謝速度變慢。這時的肌膚很容易出現光澤消退的情況，除了良好的清潔習慣和規律的生活以外，應該加強整體肌膚的保養。可以選用一些具有特殊功效的保養品，除了有效清除皮膚表面的老廢角質外，還能促進新生細胞的成長。

四十歲到五十歲，護膚的重點在於補充皮膚的養分。這個階段由於體內激素平衡失調，皮膚水分大量流失，臉部不再有彈性，因此需要補充水分和營養。在保養品的選擇上，儘量選擇富含維生素和膠原蛋白的面膜，並加強臉部按摩，促進營養物質的吸收。

五十歲以後，女性皮膚的膠質和彈性蛋白大量減少，皮膚細胞的再生能力減退。可以採用一些醫學方法延緩皮膚的衰老，加速皮膚新陳代謝。平時除了清除老廢角皮外，最好選用優質防皺和能夠加強肌膚營養的保養品。

呵護肌膚是女人一生的功課，如果忽視了對肌膚的養護，可能會出現年齡三十歲肌膚四十歲的情況。除了瞭解每一個年齡層的護膚重點以外，在日常生活，加強肌膚保養也是很重要的一環。

一般來說，心理會影響人的生理，長期精神憂鬱，會加速皮膚的衰老，提早讓皺紋爬上臉。保持精神愉快，肌膚的狀況也會隨著改善，「笑一笑，十年少」說的就是這個道理。

曾經有人開玩笑說，睡美人的肌膚一定很好，因為，好的肌膚與充足的睡眠有直接關係。白天，人體的肌膚處於戒備狀態，全部精力都用在抵擋外界傷害，只有到了晚上，肌膚才能得到休息，進行自我修復。如果睡眠不足，會使眼睛周圍皮膚血液循環減慢，造成眼部周圍皮膚色素變異，形成「熊貓眼」。若長期睡眠不足，還會引起體內循環系統失衡，皮膚的毛細血管得不到充分的血液，必然導致身體缺乏營養，造成細胞衰老，出現皺紋。夜間十一點至兩點之間，是淋巴排毒最佳的時間，如果這段時間身體還處於醒著的狀態，毒素不能順利排出體內，臉色就會顯得蒼白。

不僅如此，夜晚也是保養肌膚的黃金時間。肌膚的自我保護和修復功能在夜晚能夠達到最巔峰。夜晚，肌膚細胞忙於自我修護時，外在屏障的功能就會降低，雖然會讓肌膚表皮水分散失速度變快，但相對來說，角質層的滲透能力也會得到大幅度的提升。夜晚進行肌膚的養護，可使保養品更深入滲透肌膚，加速吸收利用。所以，各種養分豐富的精華液、眼膜、面膜等，都適合在晚上使用，如果利用蔬果等天然食材進行護理，讓皮膚充分吸收營養，可使皮膚富彈性、細膩潔白，效果更好。

在日常時的護膚過程中，臉部皮膚的清潔尤其重要。首先，選擇合適的洗臉水。太冷的水會造成毛孔收縮，毛孔中的污垢很難清洗出來，總有洗不乾淨的感覺。太燙的水會造成臉部水分的蒸發，水分一旦流失就會導致皮膚乾燥，產生皺紋。選擇十℃左右的水，可以滋潤肌膚，並發揮很好的清潔作用。

洗完臉後，要選擇適合自己的保養品。個人可以根據自己的皮膚特性、類型來進行選擇，只有挑選適合自己的保養品，才會收到美肌護膚的效果。護膚時，應遵循「水溶性產品在先，脂溶性產品在後」的原則。先使用柔膚水、化妝水這類水質保養品，再使用精華素類的保養品。需要注意的是，一些特殊功效的產品，例如除皺霜、縮小毛孔的凝膠類產品等，需要在精華素之後使用。最後，才能使用乳液或膏霜類的保養品。這是因為化妝水的作用非常表淺，很難被皮膚吸收，卻可以適當增加皮膚角質表層的含水量，有利於皮膚對精華素中營養成分的吸收；而膏霜類產品則可以在皮膚表面形成薄膜，防止水分太快蒸發，有利高營養、高滲透性的保養品有效到達皮膚深層。

護膚結束後，要注意妝不宜太濃。妝化得太濃，就像在肌膚上罩了一層面具，阻礙肌膚正常的呼吸和代謝，造成毛孔堵塞。

四季護膚大不同

肌膚的呵護也有季節之分。春天氣候溫暖宜人，人體新陳代謝加快，皮脂與汗液分泌也變得旺盛起來。由於外界溫度與濕度都很合適，所以此時的皮膚顯得格外白皙、滋潤和富有光澤。然而，春天的皮膚抵抗力較差，最容易引發皮膚疾病，如過敏性皮炎、光敏性皮炎、接觸性皮炎等；同時，灰塵也會與汗液、皮脂混合，造成皮膚粗糙。春季肌膚的保養重點在內環境和外環境的協調上，多喝水使皮膚滋潤，選用強調保濕的保養品，會使臉部看起來有光澤。

夏季的護膚重點在清潔上。烈日炎炎，皮膚毛孔擴張，皮脂腺與汗腺的分泌加劇，此時保養皮膚應注意以下幾點：多喝水，多吃新鮮水果、蔬菜，少吃油膩和辛辣食物；勤洗澡，保持皮膚清潔，每天最好進行二至三次的皮膚清潔。夏季盡可能化淡妝，妝後三至六小時應該及時卸妝。此外，夏季日照強烈，做好防曬工作特別重要，避免肌膚出現黑色素沉澱或乾燥的情況。

秋季氣候乾燥，人體表皮溫度降低，毛細血管收縮，血流減慢，汗腺及皮脂腺的分泌逐漸減少，皮膚變得乾燥、粗糙。秋季護膚最重要的是補充水分和營養（包括內服和外用），以保持皮膚的滋潤，加速血液循環與新陳代謝，去除老廢的皮膚角質，此時不宜選用太過油膩的面霜。

冬季氣候寒冷，皮膚新陳代謝減慢，毛孔閉塞，汗腺、皮脂腺都處於最低功能狀態。冬季的肌膚護膚重點在於防寒、防乾燥上。除了保持肌膚的清潔外，選擇含有一定水分、養分及油分的保養品。加強肌膚的保養，每週可以敷面膜一至兩次。

掌握以上護膚的小知識，時時刻刻保持肌膚的最佳狀態，會讓女性看起來永遠年輕。

II 只有懶女人，沒有醜女人

改變私房話 11

化妝是女性展現自己青春美貌的祕密武器，只要經過裝扮，每個女性都是最亮麗的風景，擁有不同的韻味。

世界上只有懶女人，沒有醜女人。外表再平凡的女人，只要經過精心裝扮，也能展現不一樣的風情。走在人群川流不息的大街上，形形色色的女人，千姿百態，給人不同的感覺，溫柔的、兇悍的、優雅的、庸俗的……也有高下之分。但**只要經過裝扮，每個女性都是最亮麗的風景，擁有不同的韻味。**

愛美是女人的天性，化妝則是女人的基本生存法則。曾有人笑談，不會裝扮的女人，不是真正的女人。話雖誇張，卻說明了裝扮對於女人的重要性。一個未施脂粉的女性出現在公眾場合，可能會顯得非常清純，但也可能會給人稚嫩、無法擔當大任的感覺。學會裝扮，可以讓自己看起來更幹練。

容顏歷經歲月的變遷而絲毫不顯老，這是所有女性共同追求的夢想。然而大家都知道，歲月是摧毀女性嬌顏最殘酷的殺手，誰也沒有辦法阻止它對肌膚的迫害。因此，運用化妝術來掩蓋歲月的痕跡，是古今中外女性留住青春最重要的手段之一。

化妝可以說是女性展現自己青春美貌的祕密武器，要勾勒出自然的妝容，粉底必不可少的。一般來說，女性過了三十歲，化妝時就應該注重粉底的效果。粉底的質地也代表了肌膚的質感。粉底不可塗抹過厚，看起來像戴了面具似的，選擇合適的粉底，不僅可以擁有完美的底妝，還能阻擋陽光和空氣中有害物質的直接侵蝕。

不同膚質選擇的粉底也不相同。油性肌膚的人應該選擇粉質的粉底，塗抹在臉上，像是擦了乳液一樣，使原本油亮的肌膚看起來比較細膩，妝容也比較持久。擁有乾性肌膚的女性應該選擇含水量高的粉底，或是質地比較滋潤的產品，才能使乾燥的肌膚具有潤澤感。混合型膚質比較複雜，大部分擁有混合性肌膚的女性都是鼻子和額頭等T字部位較易出油，兩頰比較乾燥。最好的選擇是兩用粉餅，既可以使用海綿直接沾粉擦在T字部位，也可以在乾燥的兩頰較用濕抹的方式上妝。

皮膚的顏色不同，適合的粉底顏色也不盡相同。一般來說，比較適合黃皮膚的是黃色的粉底，會讓皮膚看起來更加均勻、明亮，膚質宛如搪瓷般細緻柔和。如果膚色有些暗沉，紫色粉底是最好的選擇，會讓膚色變得晶瑩剔透，細膩而且有透明感。紫色粉底遮蓋黑眼圈有非常神奇的效果，能讓人完全看不出眼底的倦怠。膚色偏白的人，可以採用粉紅色的粉底，讓面色看起來紅潤健康。塗抹粉紅色粉底時，可以在雙頰多塗抹一些，代替腮紅，會讓肌膚呈現出一種自然白裡透紅的感覺。如果膚色偏紅或偏黑，可以選擇綠色粉底，不但可以解決膚色問題，就連臉上的小雀斑或小疤痕都能完美遮蓋。

在挑選粉底時，最好在面頰和腮骨之間進行試用，挑選最接近皮膚的粉底。注意，不要在百貨公司的專櫃燈下試用、比色，因為這樣的燈光比較昏暗，選出來的粉底與皮膚會有色差。選好粉底後不要立刻購買，去及他地方逛十五分鐘後，觀察粉底是否出現氧化變暗等現象。

想要獲得完美的底妝，需要三種不同的粉底色彩來創造立體感。一般來說，順序為淺色在先，再來是中間色，最後用深色修飾。淺色的粉底主要用於T字部位，這一部位是人的臉部突起的部位，需要淺色強調人臉部的輪廓。選用與膚色最接近的顏色做為整個臉部的底色，最後的深色粉底用於臉頰、下巴等處，用於修飾臉型。

女性可以根據自己的心境或場合，選擇適合自己的妝容。最好的妝容增一分則太白，減一分則太黑，恰到好處的妝容可以發揮豐富色澤、改變外觀的效果，能夠重新煥發女性的青春光采。

自然妝

自然妝的重點是乾淨整潔，臉部不需要過多的裝飾。用基礎色調整膚色後，再以線條修飾局部線條。五官造型不需要刻意精巧，但各個部位輪廓清晰。眉清晰見底，可以保留一點點雜毛以增加眼睛的生動感，不需要畫眼線，不要使用顏色明顯的眼影，嘴唇也以簡單乾淨為主。整個化妝看起來可親可近，精力充沛。為了與自然妝搭配，髮型和穿著以簡單舒適為主。

品味妝

透過裝束可以顯出一個人的品味與優雅，帶有明顯的個人風格，不像職業妝一樣有一定的規範和要求。品味妝講究自信、精緻，但最後完成的妝容仍是淡雅溫和的。妝容的重點是優質的粉底，給人膚質細滑的感覺，配色得當，勾描細緻，如同白描渲染中的國畫。

品味妝不可化得太濃，髮型也不可太狂野，且時刻保持整齊。服裝上不能穿戴太多的飾物，以簡單自然為主。

健康妝

健康妝型首先要求健康的膚色及恰到好處的紅潤感。基礎化妝強調立體感，眉毛應畫得豐厚粗平但有型有款，突出有生氣的個性。

透明妝

透明妝又稱裸妝，也稱為本色化妝，是一種本著「妳就是妳」為原則的化妝術，在維持女性本來面貌的基礎上，使容貌更加出眾。

本色化妝只需要幾樣化妝品——粉底霜、香粉和眼影就可以進行，能夠達到自然美容的最佳效果。所選用的化妝品顏色都以淺色為主——透明的唇膏、黃褐色的胭脂和米色的眼影。透明妝的重點在於保濕效果，使用時千萬不要節省保濕保養品，甚至可以在粉底霜裡也加一點保濕保養品，使肌膚看起來更加清新、柔嫩。

透明妝的最大特色是「若有若無」的妝容，展露肌膚的自然質感，比濃妝豔抹更顯迷人。曾經有位彩妝大師將「透明妝」稱為最高明的化妝術，認為這種化妝術讓人看起來好像沒有化妝一樣，卻非常精緻，能自然地表現出化妝者的個性與氣質。

但是，無論什麼樣的妝容，其實都是一種精神上的自我安慰。美，不僅僅表現在肌膚的細嫩白皙上，更重要的是表現在氣質優雅、內涵等層面。一些聰明的女性在充分認識到化妝的美容功效後，開始將注意力放在培養氣質美、豐富心靈的內涵上，這種美才是歷久彌新的。

12 香水，女人的無字名片

改變私房話⑫

氣味是最原始的性吸引，因為原始，所以比視覺的刺激更加藝術。

瑪麗蓮．夢露曾這樣說過：「女人與香水的關係，如同女人與鏡子的關係一樣永恆。」她親身體驗了香水賦予她的感性和快樂，並讓美國著名的甘迺迪家族裡兩個最優秀的男人同時拜倒在她的石榴裙下。香水猶如女性的無字名片，展現女性的優雅、性感，是擴散女性美的法寶。

香水是女性情感的一種表達，或憂鬱、或自信、或快樂，全都鎖在霓裳的芬芳之中，悄無聲息地傳達出去。善於運用香水的女性，在步履穿梭之間輕灑幽香，給人無窮的幻想。女人，只要使用與自己性格相符的香水，再配上合適的時裝，便可以搭配出最迷人的時尚。

氣味是最原始的性吸引，因為原始，所以比視覺的刺激更加藝術。男人喜歡用鼻子去接觸女人，走過女人身後，微微低頭，輕輕拂過她後頸散發出的幽香，感受她與眾不同的味道。在電影《女人香》（Scent of a Woman）中，男主角透過鼻子去感受不同典型的女人味，藉此瞭解不同的女性。這是一種最高明的調情方法，很容易俘獲女人的芳心。

與人交往，女人身上散發出的香味是給人的第一印象。香水已經不僅僅是香味的載體，還傳達了品味、個性、尊重和禮儀。不同的香水隱藏著不同女人的個性，因此，用心選擇一款適合自己的香水，才能成為充滿魅力的時尚尤物。

活潑外向型

這種性格的女性積極樂觀、熱情奔放，並善於迎接一切困難和挑戰。她們對朋友坦誠，是值得朋友信賴的對象。適合的香型是檀香、花香和水果香型。詩芙儂的「溫柔森巴」，醉人的幽香為性格堅強且外向型女士更添一分深情。嬌蘭的「憂鬱」也是不錯的選擇，在樂觀的性格中平添了一絲理性。

知性型

這種性格的女性擁有不輸男性的聰明才智，她們出得廳堂，入得廚房，在承擔家庭責任的同時，有很強的性格和事業心。比較適合的香水有嬌蘭（Guerlain）的「香榭麗舍」，這是一款屬於時尚女性的東方香水。也可以選用嬌蘭的「一千零一夜」，它是嬌蘭一九二五年出品的香水，在世界上銷量最佳，可以為時尚女性增添不俗的品味。另外，「香奈兒十九號」對那些行動能力強、處事態度獨立的女性來說更是再合適不過了。

溫婉型

這類性格的女性追求情感上的平衡，溫柔動人。她們為人處事小心謹慎，不是十分活躍，也不是非常內向，觀之可親。適合的香型是樹木、乙醇和東方香型。可以選擇伊莉莎白．雅頓（Elizabeth Arden）的「紅門」，它將百合、玫瑰、風信子等溫婉迷人的香氣糅合在一起，嬌而不媚，體現了浪漫溫婉的個性。另外，黛安娜王妃鍾愛的「迪奧小姐」也可使妳信心倍增。

多情善變型

這是一類性格矛盾的女性，時而活潑外向，時而文靜內斂，時而古典，時而前衛，是典型的性情中人。適用的香型是丁香、檀香和玫瑰香型。桑麗卡（Sonia Rykiel）的「誘惑」能幫助她們在矛盾中找到和諧。此外，蓮娜麗姿（Nina Ricci）由一〇二種香料配成的「寶姿」，能在大自然的協調氣氛中烘托妳的性格。

純情明朗型

這種性格的女性喜歡簡潔明朗，不愛華麗，有著如詩般的純潔情懷。適用香型是清新的水果香型。三宅一生的「一生之水」，純淨、自然、透明的質感及甜蜜的果味香是最好的選擇。

選擇香水時，也可以透過瓶子上的標識來選擇香水。一般來說，香水主要分為以下幾類：

❶ Parfum，這是香精含量為二〇%以上的濃香水。這種香水的香味持續時間為五到七個小時，是最高級的一類，價格也比較昂貴。

❷Eau de Parfum或Parfum de Toilitte（簡稱E.D.P.），這種香水的香精含量為一五％，持續時間五個小時左右，價格比第一類略便宜，但也屬於中等偏上。

❸Eau de Toilette（簡稱E.D.T.），香精含量為八至一五％，也稱為香露，持續時間三至四小時。這類香水是目前消費量最大的香水種類，屬於中檔價位，很受消費者的歡迎。

❹Eau de Cologn，即古龍水，香精含量為四至八％，持續時間一至二小時，男性香水大多屬於這一類。

❺Eau Fraiche，香精含量為一至三％，市面上的刮鬍水、體香劑等都屬於這一等級，可為人帶來神清氣爽的感覺，但留香時間較短，一般在一個小時以下。

選擇好香水，要學會正確的使用香水。大部分香水都是噴霧式的，可以將香水噴向空氣中，然後讓身體沐浴在香水的霧氣中，使香水自然地落在身體上。除了可以享受襲人的香氣，更可以使香氣均勻地布滿全身，使妳渾身飄香。如果是非噴頭式的，可以將香水點在耳根、頸部和手腕的脈搏處，這樣，香氣會隨著人的脈搏和體溫持久散發。也可以將香水擦在腰部，使身體縈繞在淡淡的香水之中。還可以在髮尾上輕灑少許香水，讓香水隨著頭髮的擺動而自然發散。但注意千萬不要把香水直接噴在頭髮上，這樣會與洗髮精的味道混合在一起，產生難聞的味道。

女人與香水的關係如此密切，卻有不少女人不知道如何正確使用香水。香水運用得當，可以散發迷人氣息，增加女人味；反之，有可能引起周圍人的反感，因此千萬不要觸犯香水的使用禁忌。

首先，盡可能買優質的香水。使用香水的目的是為了展現自身品味，因此，一定要在能力範圍內購買最高品質的香水。劣質香水所散發出的刺鼻氣味，是對空氣的污染，甚至會引起別人的反感。

第二，不要過量使用香水。香水並不是噴得越多越好，過量使用香水只會讓人薰得難受，甚至會刺激到別人的鼻黏膜。事實上，適量的香水發出的香味才純正，令人身心愉悅。

第三，不要混合使用香水。使用同一品牌的系列香水，才能使香味純正，氣味芬芳。如果將不同的香水混合在一起，不僅會失去香水本身的氣味，還會混合成讓人難以接受的香水大雜燴。

第四，忌塗抹在暴露部位。這樣會加速香水的蒸發，而且，塗抹時注意採用點塗的方式。因為香水中或多或少都含有一些化學香料，大面積的塗抹會對皮膚造成一定的傷害。

最後，不要將香水噴灑在淺色服裝或珍貴飾品上。香水灑在淺色衣服上，會讓衣服上留下難看的痕跡。穿戴珠寶等飾品時，最好先噴灑香水再戴，避免飾品受到化學物質的侵蝕而褪色。

人們喜歡「淡淡女人香」，香水就像是女人的另一張名片，將女人的喜好、品味等，以一種特殊的方式傳遞出來。香水也是最容易讓對方留下「記憶」的物品，尤其是對異性，能夠在不知不覺之中擄獲對方的心。

Part 2

改變從心開始
——讓內在美如花綻放

13 可以生氣，但要微笑著發脾氣

改變私房話⓭

女性通常被認為是情感的動物，容易被情緒衝昏頭腦。

但是，一個優雅的女性會保持頭腦清醒，即使生氣也能面帶微笑。

美是一種能量，自內而外發散出來，讓人無法抵擋。如果說**容貌**、**服飾**、**身體是美麗之形**，**學識**、**閱歷**、**修養則是美麗之本**。學會管理自己的情緒，讓內在的修養增長，才能使美麗源源不絕。

生活中遇到各種事情時，我們會對應事件產生各種情緒。情緒是一種內心的體驗，隨著事件發生而表現出來。喜怒哀樂是日常生活中最常見的情緒，其中喜和樂是正面的情感，能讓人心情愉悅；而怒和哀則是負面的情感，會影響我們的工作和生活。負面情緒主要包括三個方面：憤怒、悲哀和恐懼，長期處於負面情緒中的人會影響身體健康，甚至引發嚴重的心理疾病。

從心理學的角度來分析，憤怒的成因是由於目的和願望無法達成，特別是一再受到妨礙因此逐漸積累緊張，最終產生憤怒。按照等級劃分，憤怒可分為不滿、生氣、慍怒、憤怒、大怒和暴怒。經常處於憤怒情緒的人，會導致生理方面發生變化，例如血壓上升。

悲哀是失去所盼望的、所追求的東西或有價值的東西而引起的情緒體驗，從遺憾、失望，到難過、傷心、悲痛、哀慟，漸次增強。一般認為，哭泣對身體健康是有利的，可以釋放積壓的痛苦。研究淚液的成分，在悲哀的眼淚中含有某種有毒物質。由此可見，悲傷的人體內會產生毒素，儘管眼淚可以幫助排毒，但也會對身體造成某種程度的影響。

恐懼是企圖擺脫、逃避某種情境的情緒體驗，奇怪、陌生、反常、不協調也可引起恐懼。強度極大、猝不及防、突如其來恐怖，可造成人的精神失常甚至死亡。因此要防止過分的、突然的驚嚇。

對待這些負面情緒，每個人都有各自不同的辦法，但有一個大原則：找到疏導情緒的管道。只要情緒得到適當的紓解，不再積壓於心，就能大大減少對人體的傷害。幾乎所有長壽老人都有一個共通點——樂觀，即使生氣也能面帶微笑，這是多麼高尚的修養。

很多人提出疑問，憤怒怎麼可能輕易控制呢？有句話是這麼說的：「我們沒有辦法阻止事情發生，但可以決定這件事情帶給我們的意義。」當某件事情發生時，每個人都有兩個選擇：**一是糾結於「問題」本身，二是選擇事情背後的「機會」。事實上，只要瞭解自己情緒的成因，學會控制情緒的方法，「問題」很容易會轉化成「機會」。**

女性通常被認為是情感的動物，容易被情緒左右而失去理智判斷。但是，一個理智的女性會保持頭腦的清醒，時刻提醒自己注意：「我現在的情緒如何？」曾經在街上看到一名女性聲嘶力竭地譴責一位男性。那一刻，在真相沒有浮出水面前，所有人都震驚於那位女性猙獰的面容。如果那位女性在情緒爆發前能問問自己：「我為什麼這麼做？還有更好的處理方法嗎？」她一定能處理得更好。

當然，認識情緒並不代表必須壓抑情緒。如果不肯承認自己的負面情緒，一味壓制，反而會帶來不好的結果。學會認識情緒，做情緒的主人，是邁向優秀女性的第一步。當幾種情緒混雜在一起時，嘗試釐清哪一種情緒是目前最主要的，然後控制它。

第二步，學會適當表達情緒。與朋友約會，對方遲到了，讓妳等待很久。一開始妳可能會著急，接著是焦慮，進而變得憤怒。當朋友終於出現在妳面前，妳劈頭就指責他：「怎麼都不考慮我的感受呢？」朋友的反應可能是：「路上塞車，我也沒有辦法。妳以為我想遲到嗎？」一場爭執不可避免。假如妳換種方式，委婉地告訴朋友：「過了約定的時間還沒有到，我真的很擔心你。」嘗試將焦慮的心情傳達給對方，讓他瞭解他的行為帶給妳負面的感受，他一定也會用溫和的語氣來幫妳緩解不良的情緒。適當表達自己的情緒是一門藝術，需要用心體會。

最後，學會尋找適合的方式來緩解情緒。每個人舒緩情緒的方法不同，有人會找朋友傾訴，有人乾脆躲起來痛哭一場，有人則以埋首別的事情來分散注意力。事實上，緩解情緒不等於逃避，當避無可避時，負面情緒仍會如影隨形。

情緒的緩解有很多管道，以下介紹有效積極的方法。

❶培養興趣愛好，例如琴棋書畫、打球健身等

這些活動能提供發洩感情的空間，不僅有利身心，也能提升自身的修養。有研究表明，運動能促進體內產生一種特殊物質「腦內啡」（Endophin），是產生喜悅和止痛的天然化學物質。

❷請知心好友分擔自己的煩惱

記住「分享快樂，能使快樂加倍；分擔痛苦，能使痛苦減半」。在好友的溫言開導中，煩惱、痛苦便不知不覺地消散。在選擇傾訴對象時，也要儘量找個性樂觀、擁有積極心態的人。正所謂「人以群分，物以類聚」，樂觀者的身邊也多是樂觀者。前臺北之音電臺臺長徐璐小姐，曾遭受到性侵害，但她勇敢挺身面對，並寫成《暗夜倖存者》一書，感動了眾人。痛苦的經歷沒有使她消沉，反而讓她的心靈更有深度。

❸為自己創造一種新的愉悅生活環境

例如去風景優美的地區來趟小旅行放鬆身心，或將居住環境布置得溫馨浪漫，放一曲輕鬆愉快的音樂，將所有的不快摒除在心門之外。

❹透過寫日記、部落格來釐清思緒

將所有的不快寫在紙上，積壓在心裡的苦悶就會減少。寫日記是透過文字書寫讓人重拾理智，可以相對客觀地審視事件本身，是一種非常有效的排解方法。

情緒是生命的一部分，正向的情緒能夠幫助我們更加適應社會與環境，加強人際交往；負面的情緒若能處理得當，也可以為生命增添色彩，成為人生中寶貴的財富。

然而，恰當處理情緒並不表示著要時刻強迫自己保持快樂。實際上，正是那些表象的負面情緒，提供我們成長的契機。情緒就像人體的「發電機」，可以源源不斷地產生能量，幫助我們鍛造積極而充滿魅力的人生。

14 願意付出，讓別人捨不得妳

改變私房話 14

在取得之前，要先學會付出。付出越多，才越能牽動別人的心，得到不捨與愛護。

當一個好女人，首先必須善良，富有愛心，能善待和理解他人，與人相處時，以付出為樂，不強求相應的回報。

在繁雜的世界裡，每天面對的環境無非就是家庭和公司。穿梭於紛繁的人群，行走於單調的線路中，大部分人每天都糾結於家庭、事業、愛情等問題，試圖在付出與收穫之中尋找平衡點。不妨換個角度：付出微笑給他人，付出好心情給他人，甚至付出自己的最愛給他人。慢慢地就會發現，得到快樂的不僅是他人，妳的心情也會充滿陽光。所謂「贈人玫瑰，手有餘

香」，說的就是這個道理。

在漆黑的夜裡，耀眼的流星劃過天空，展現一道美麗的弧線。許多人在流星的見證下許了美好的願望，但有誰想過流星隕落的悲哀？

在奈及利亞有一種闖鼠，小的只有一個墨水瓶大小。闖鼠最大的敵人是蛇。蛇常常在闖鼠毫無防備的情況下突然襲擊。當蛇來了，往往會有一隻闖鼠勇敢地主動向蛇撲過去。當蛇大口吞下送上門的食物時，奇蹟發生了，剛才還不可一世的蛇竟突然癱倒，不得動彈。

原來闖鼠在危機時刻會分泌出一種很強的麻醉劑，在瞬間麻醉敵人。此時其他闖鼠一擁而上，拚命撕扯敵人，從對方腹中救出同伴。這種「捨己救人」的行為使闖鼠家族躲過一次又一次的危機，也使小小的闖鼠家族立於不敗之地。

流星和闖鼠都是只求付出，不求回報的例子，留給我們的啟示是非常深刻的。

華人社會講究「禮尚往來」，我認為有失偏頗。有一天，當某人發現自己的「禮」只有「往」而並沒有「來」時，隔閡便不可避免地產生了。

人們說「付出總有回報」，還衍生出這樣一句話：「生活是有回聲的！」然而一路風塵之後，發現行囊裡收穫寥寥，許多人便開始怨天尤人，甚至自暴自棄。其實這是一種人的惰性所引起的必然結果。大多數時候，人們心裡想的是「我付出了」，卻沒有考慮「付出了多少」。這種思維模式很容易形成心理上的「漩渦」，有意識地忽略自己過去的足跡，而在更遠的路上繼續無視我們原本擁有的「收穫」。**有句話說得好「有心栽花花不成，無心插柳柳成蔭」，人**

們總是以收穫來檢驗付出，但收穫多寡永遠沒有標準，不如以享受的心態看待付出，才能獲得美好的體驗。

有個女學生成績不太好，考大學時不幸落榜。但後來她非常意外地收到一所新加坡大學的錄取通知書。她的老師、同學，包括父母都很吃驚，有人感嘆，這女孩運氣真好。

事實上，運氣這個東西非常玄妙，但有一點可以肯定，它不會無緣無故突然出現。原來，這名女學生趕去參加甄選面試時，因為遇到暴雨而遲到，趕到時面試已經結束了，招生負責人正在收拾東西準備離開。來不及趕上面試，女學生有些失落，此時正好看到現場有位個子嬌小的女老師非常吃力地拆卸雨篷，便過去幫忙。這個不經意的舉動被另一位來自新加坡的老師看在眼裡，於是他想給女學生一次面試的機會。審查老師們經過半小時的面試，一致同意錄取這位學測分數並不高的落榜生。

很多人聽了她的故事，幾乎都著重在她的「獲取」，而忽視了她的「付出」。她的成功與她樂於付出、不求回報的精神是分不開的。這種不求回報的付出最能打動人心。

曾經在某大學遇到一位兩鬢斑白的退休教授，成為我記憶中一道恆久的風景。她的外表毫無美感可言，甚至有一條腿瘸了，走起路來一跛一跛的，讓人心裡非常難受。每天在校園餐廳吃飯時都能看到她。那所大學規定，每個用完餐的人都必須將自己的餐盤拿到門口旁的回收處，方便工友們整理。

有天早上，和朋友們吃完飯後，我們端著盤子往回收處走去，突然看見她一瘸一拐地走到我們另一側，拿起別人沒有收拾的剩餘餐盤。就在剛剛，我們幾個人視若無睹地經過了那個被人遺忘的餐盤。由於那位女教授腿腳不便，每次走路總是下意識地用一隻手去撐另外一條腿，真正端餐盤的只有一隻手。看到她很費力地將自己的餐盤和別人的重疊在一起，用一隻手吃力地托起兩個餐盤。我不由自主地上前說：「讓我來吧。」她微笑地看著我說：「謝謝！」為了這聲「謝謝」，我的臉驀地紅了。多年後想起這件事情，我還能憶起那光采照人、令人不敢直視的笑容。

華人社會有句老話：「滴水之恩當湧泉相報。」這難道不是教我們先學會付出嗎？自己先挖井，才能有取之不竭的清泉；自己先微笑，別人的臉上才會顯現出燦爛；自己先努力，才會擁有努力後的甘甜。

有個人在沙漠行走了兩天，途中遇到沙塵暴。他迷路了，又累又渴。正在絕望之際，他發現了一幢廢棄的小屋，拖著疲憊的身體走進屋內，絕望地發現裡面只有一些爛木材。走到屋角時，卻意外地發現一座抽水機。他興奮地上前汲水，卻發現怎麼也抽不出半滴水來。在抽水機旁邊，他找到一個用軟木塞堵住瓶口的小瓶子，瓶身上有一張泛黃的紙條，紙條上寫著：「將瓶中的水灌入抽水機，才能汲水！不要忘了，在離開之前，請將瓶子裡水裝滿！」

那個終於看到一點希望的人，此時面臨兩種選擇：要麼把小瓶子裡的水喝掉，就有希望活下來；要麼將小瓶子裡的水灌入抽水機，萬一還是抽不出來水，可能就此渴死於沙漠中。

面對這種情況，相信每個人內心都會劇烈掙扎。他選擇了後者，將瓶子裡的水倒進抽水機後，水真的大量湧出來了。他大口大口地喝水，並把瓶子裝滿，用軟木塞封好，在那張紙條後面又加了一句話：「相信我，真的有用。」

在取得之前，要先學會付出。付出越多，才越能牽動別人的心，得到不捨與愛護。但請記住，付出必須是有條件的，需要加以限制。女性最容易犯的錯誤就是無條件、心甘情願和死心塌地。曾在一個討論感情的電視談話節目上，看到有個女孩因為太愛男友，所以無怨無悔地忍受那男人的一切，包括他的暴力和出軌。要知道，之所以付出是因為有愛，付出的前提是平等，付出的結果是贏得尊重。

15

守住別人的祕密，消除人際隔閡

改變私房話⑮

尊重別人的隱私，保護祕密，
比傳播祕密更有價值。
保守別人的祕密是一種真誠的表現，
不僅體現了對世間萬物的理解，更能反映一個人的修養。

大部分女人擁有天生的好奇心，喜歡打探別人的隱私，並且津津樂道地傳播收集到的小道消息。粵語裡有個詞語叫「三八」，專指那種囉嗦、喜歡道人長短的女性。

世上沒有女人願意當「三八」的，問題是，許多時候女性們會忍不住將自己或別人的祕密講出來。心理學家從幾個方面分析此一現象，總結出以下幾個原因：

❶當人內心不安時，會選擇用「訴說」來緩解心裡的壓力。在這種情況下，一些非常隱密

的事情也會不自覺地說出來，並且有意識地忽略其所帶來的後果。

❷當人內心缺乏情感時，有時會透過相互交流「祕密」情感來獲取對方的信任。

❸將「坦誠」當做人際關係的砝碼，無論面對什麼人都不懂靈活應對，堅持實話實說的原則，該說的、不該說的都一股腦說出來，無形中卻對別人造成了傷害。

被稱為「情感動物」的女性經常受到以上三種原因影響，無意中成為散播小道消息的「始作俑者」。女人是如此熱衷於傳播、談論別人的祕密，連作家亦舒都不禁在小說《不羈的風》裡發洩：「……講完之後，非常訝異，原來說人是非有這樣大的滿足感，怪不得不分身分貴賤，人人好此不疲」。

有國外機構曾經研究了一個題目：「女人究竟能夠守住一個祕密多久？」研究結果顯示為四十七小時零十五分鐘。在這項研究中，選擇了三千名年齡介於十八到六十五歲的女性。最後得出了兩個結論：一是每十位女性中就有四位守不住祕密，不管是多麼隱私的祕密；二是女性平均每週會聽到三個祕密，而她們至少會向一個人透露。

事實上，許多男性表示最討厭女性的缺點之一就是嚼舌根，即隨便傳播別人的祕密。別人的祕密也可以稱為「隱私」，所謂隱私，簡單說就是不願意讓人知道，或不方便讓別人知道的私事。隱私大到國家、企業，小至家庭、個人。國家的隱私是國家機密，輕易洩露屬於違法行為；企業的隱私屬於核心技術，被人知道了意味著巨大損失；而家庭和個人的隱私，雖然沒有國家機密和核心技術那麼重要，可是一旦被透露，也會影響家庭和個人，甚至造成嚴重的後果。

念國小時，班上有個男生偷偷傳給某個女生一張明信片，寫著對女生有好感，希望成為一輩子的朋友。不知道怎麼的，這張明信片被好事者發現了，全班傳閱了一遍，最後被人扔在地上。事情的結果是女生哭了一下午，一星期後，男生被迫轉學。多年後，國小同學聚會，怎麼也聯繫不上那個男生。大家談起當年的事情都唏噓不已，全班無知少年的無心之舉，竟對弱小的心靈造成了難以磨滅的傷害。

尊重別人的隱私是傳統美德。傳統文化典籍《弟子規》中有一句「人有短、切莫揭，人有私、切莫說」，意思是不要揭露別人的短處，也不要談論別人的隱私。亞聖孟子也曾經因為不小心窺視妻子的隱私而受到母親指責。

在《韓詩外傳》中曾提到一個故事：孟子妻獨居，踞。孟子入戶視之，白其母曰：「婦無禮，請去之。」母曰：「何也？」曰：「踞。」其母曰：「何知之？」孟子曰：「我親見之。」母曰：「乃汝無禮也，非婦無禮。」

故事的大意是孟子的妻子一人在房裡，孟子走進房間，看見妻子伸直兩條腿坐著。古代會客時一般是跪坐，伸直腿而坐是一種不禮貌的行為。孟子非常生氣，對母親說要休掉妻子。母親問為什麼，孟子說妻子坐姿不禮貌。母親問孟子怎麼知道的呢？孟子回答說：「是我親眼看到的。」母親說：「這是你無禮，不是你妻子無禮。」正如孔子所說：「非禮勿視，非禮勿聽，非禮勿言，非禮勿動。」由此可見，尊重別人的隱私，不去窺視別人的隱私，也算是華人社會的傳統禮儀。

尊重別人的隱私也是和諧之道。人與人之間想要和諧相處，一定要保持適當距離，這個距離就是以保護他人隱私為界線。就像兩隻相互取暖的刺蝟，靠得太近容易互相傷害，只有保持適當的距離，才能相互溫暖而不會受到傷害。

在西方，隱私的保護被列入法律範圍內。美國一向非常重視個人隱私，在某些州，居民們每天早晨放在門口的垃圾袋，只能由專門的垃圾車運走。任何人都不能隨意打開垃圾袋，否則就有可能面臨侵犯公民隱私權的起訴。

尊重別人的隱私，保護祕密，比傳播祕密更有價值。對於天生擁有好奇心、喜歡傳播祕密的女性來說，保護別人的祕密顯得更難能可貴。在影視作品中，女主角們幾乎都是能替別人保守祕密的人，而喜歡嚼舌根的女性一般都只能當配角。

保守別人的祕密是一種真誠的表現，體現了對世間萬物的理解，更能反映一個人的修養。保密，不是一件容易的事情，需要女性用廣大的心胸和包容心，甚至需要用一生的經歷去承載。女性的美正是來自於這種愛心及責任感。

那麼，想要做個內心美麗的女人，應該如何避免洩露別人的祕密呢？首先，在人際關係中避免情感過分「捲入」。在與人交往的過程中，以為知己應該無所不談，卻在不經意間把自己的和別人的祕密全都說出來。請注意，每個人的知己都不止一個人，同理可證，知己的知己，也不只妳一人，久而久之，祕密便不再是祕密了。

刺蝟和喜鵲是無話不說的好朋友。喜鵲曾羡慕地對刺蝟說：「看你多好，有一身硬刺保護，當狐狸來襲時，只要把身體一捲，狐狸就束手無策了，而我卻只能任人宰割。」刺蝟安慰喜鵲說：「其實我也有弱點的，如果狐狸抓住我，只要在我的肚臍吹一口氣，我就會因發癢而打開身體。你可千萬不要說出去，要是讓狐狸知道了，我就死定了。」

喜鵲被狐狸捉住了，為了保護自己，便把刺蝟的弱點告訴了狐狸。從此以後，刺蝟的刺在狐狸面前不堪一擊。刺蝟痛恨出賣自己的喜鵲，卻忽略了如果不是自己將祕密告訴別人，又怎麼會有這種結果呢？

因為關係親密便無話不說，試圖高度「滲透」彼此，並不是人際交往中的明智之舉。想保全自己的性命、保護所愛的人，唯一的辦法是閉上自己的嘴，嚴守別人的祕密。誰能保證滄海桑田間，信任能夠永存呢？

只有成熟的女性，才有真正的祕密；不夠成熟的女性，只有暫時的祕密；不成熟的女性，則根本沒有祕密。

16 珍惜現在，做個知足的小女人

改變私房話 16

知足並不意味著滿足現狀，不思進取，而是指一種平和的心態。只有自己幸福，並且讓周圍的人也感到幸福，才是真正出色的女性。

對全世界來說，妳是一個人；對一個人來說，妳是他的全世界。反之亦然，對某個人來說，妳可能是幸福的，也可能是不幸的。決定妳幸福與否的因素只有一個——妳的心態是積極還是消極的，而這個因素恰恰掌握在妳的手中。一個知足的女人，會讓周圍的世界都沉浸在幸福的感覺中。

作家林清玄說：「生命裡的幸福是甜的，甜有甜的滋味。情愛中的離別是鹹的，鹹有鹹的滋味。生活的平淡是淡的，淡也有淡的滋味。」甜也好，鹹也罷，都是生活的一部分，隨遇而安，知足常樂，才能獲得幸福的人生。

知足並不意味著滿足現狀，不思進取，而是指一種平和的心態。知足常樂則是一種豁達的人生態度。天地間，人生不過滄海一粟，何必讓那些永無止境的慾望讓心靈疲憊不堪呢？

話雖如此，但真正能看開的沒有幾人。更多對慾望的需求是永無止境的。那些來自外界的誘惑——大房子、時髦的服裝、丈夫的寵愛、孩子的優秀表現等，儘管可以在某些方面讓妳獲得快樂和滿足，但最終會帶來令人疲憊不堪的壓力。而且，這種壓力一旦蔓延到家庭，會為妳的家人帶來難以言表的恐懼。

只有自己幸福，並且讓周圍的人也感到幸福，才是真正出色的女性。這種幸福，依託的是自己積極的心態。積極的心態並非意味事事圓滿，學會放棄、抱殘守缺是另一種平和心態的表達。世事不如意者，十有八九，捨棄需要更大的勇氣，也意味著心靈的釋放。心裡塞滿了東西，再也裝不下別的，只有將心騰空，才能感悟更多美好的事物。這樣的女性將獲得一顆平靜的心，不會被世俗污染，也不會被慾望羈絆，所以永遠擁有幸福美滿的生活。這樣的女性見之忘俗，具有讓人心靈放鬆的魔力。

女人在什麼時候最美？有人說外表美就是美，或年輕就是美。但是，誰都知道這種美沒有生命力，隨著歲月的消磨便會失去原有的光采。其實，女人最美的時刻往往來自內心的滿足感，這種美由內而外，讓人不由自主被吸引。戀愛中的女性因為獲得愛情的滋潤而散發出動人光采；懷孕的母親因為對新生命的期待而充滿母愛的光輝；百歲的老太太對相守一輩子同樣百歲的老伴動情一吻，感動了億萬人的心。正是對生活的珍惜和感恩之情，使這些不同年齡層的女性散發出同樣的美！

知足的女人，不會虛榮比較，穿衣打扮不一定非名牌不可。即使不是名牌也能穿出名牌的價質感，因為她們對生活有自己的見解，懂得怎樣裝扮才是最佳的搭配。無論昂貴或廉價的服飾，對她們來說只是價格的區別，兩種都能帶給自己不一樣的美感。

知足的女人，不會挑剔粗茶淡飯，最簡單的菜也能做出不一樣的美味。享受精美食物的同時，也能感受到大自然賦予人類的質樸養分。

知足的女人，不會眼紅別人的花園別墅，會根據自己的經濟情況量力而行。她們明白再豪華的房間與樸實的小屋，不過都是住宿的地方而已。一間乾淨整潔的小屋，在她們巧手下也能變得溫馨舒適。

知足的女人，不會追求夫貴妻榮，更不會給丈夫太大的壓力。做一個成功男人背後的女性，只是因為那是男人的理想，知足的女人會耐心地站在男人身後。如果男人的理想不在於此，知足的女性也會無條件支持他。她們善於享受安貧樂道的生活，也會在富裕的生活中保持淡然低調。

正如有人說，女人有自己的目標，有自己喜愛的職業，知足了；女人有一群好朋友，能在悲傷時聽自己傾訴，在快樂時一起逛街、喝茶，無所不談，知足了；女人有相愛的人陪伴在身邊，每天生活在歡笑中，知足了。生命是真實的，女人應該學會善待一切，女人知足，是福！說這話時，心裡也流淌感動，同樣被這樣的幸福所感染。

知足讓女人遠離嫉妒的侵蝕，從容面對生活。在平凡的生活中靜靜聆聽內心的聲音，發現自己靈魂深處的光華。知足讓女人精神富有，安恬自守，充分享受生活的甜美。對於女性來說，承擔來自工作和家庭兩方面的壓力，如何做到知足呢？答案非常簡單，學會放棄。不要強求自己得不到的東西，那只會讓自己疲憊不堪，倒不如輕鬆享受已經擁有的一切。

當然，這種放棄並不是消極地對待生活，而是盡力之後卻不得的一種心靈釋放。努力過，奮鬥過，就不要糾結於結果，其實過程也是一種美麗的體驗。很多人小時候的理想都是改變這個世界，然而一路走來，明智的人會發現，只有改變自己才能改變外在世界。只有珍惜現在的生活，擺脫外在的壓力，才有更廣闊的心靈空間讓夢想飛翔。

17 善用幽默 驅除生活中的陰霾

改變私房話 17

睿智的女性，一定也具有絕佳的幽默感。幽默感能讓與她相處的人感覺非常愉快，並漸漸受到吸引。

「幽默」一詞來自於英語中的「humor」，林語堂先生將其翻譯成「幽默」，展現一種含蓄、默契的表達方式。幽默是智慧的提煉，是才華的結晶。華人社會喜歡說「郎才女貌」，背後的含意則是指：男人需要才，女人需要貌。因此在很多人的眼中，女人只需要打扮得漂漂亮亮的，不需要聰明，不需要有幽默感。

事實上，現代女性與「大門不出，二門不邁」的傳統女性有很大差異，被要求能「入得廚房，出得廳堂」。試想，一位氣質高雅、美麗可人的女性，如果缺少了幽默，就像沒有香味

的花朵，缺少了一份沁人心脾的韻味。

惹人憐愛的女人，一定是聰明、善解人意的。她會利用自己的幽默感來調節氣氛，適度地退讓，這是現代女性具有獨立精神的代表。睿智的女性，一定也具有絕佳的幽默感，因為她的幽默感能讓與她相處的人感覺非常愉快，並漸漸受到吸引。

幽默是一種生活智慧，即使經歷動盪和挫折，仍然保持一份豁達和自信，絕不妄自菲薄，是一種從骨子裡透露出來的風情。明明是同樣的意思，經過女人的嘴，就變得雲淡風輕了，簡簡單單的道理，原來可以用如此輕鬆的方式表達。一來一往的言辭中，女性的美因此變得清晰生動起來。

不同經歷、不同年紀的女性，自然有不同的人生歷練，聰明的女性瞭解自己需要的生活，懂得從生活中提煉生存的智慧，凝練成自己獨有的幽默感。這是對人情世態的一種澈悟，因為透澈，所以樂觀，所以能坦然面對生活的酸甜苦辣。這樣的女人喜歡生活，懂得用自己的方式化解憤懣，懂得用智慧增添自己的美好。

我們周遭有許多女性也想展現自己幽默的一面，卻不得要領，原因在於缺少對世情的真實體驗。再者，幽默也需要講究禮儀，不可以過度，否則將適得其反。在說幽默笑話時，要依據當時的環境而定，避免陷入尷尬的境地。

首先，有關種族歧視及殘疾的笑話都不適當，因為這很容易冒犯別人。有一次，朋友們聚首吃飯，有個朋友大談回族人不吃豬肉的習慣，並笑稱這是源於回族人對豬的崇拜。話音剛落，整個餐桌陷入一片沉寂，原來餐桌上正好有個回族朋友。拿別人的身體缺陷開玩笑也非常不恰當，顯然是將自己的快樂建立在別人的痛苦上。

諷刺性的幽默也會在不經意間得罪別人。清朝有個《鋸酒杯》的故事：有個人參加宴席，主人斟酒，每次只斟半杯。此人忽問主人：「尊府若有鋸子，請借我一用。」主人問何用，此人指著酒杯說：「此杯上半截既然盛不得酒，要它何用？鋸去豈不更好！」這個建議聳人聽聞，諷刺意味十足。原本主人一番好意，設宴招待客人，酒杯斟半杯也屬於正常的社交禮儀，避免酒水溢出來。客人如此「幽默」，實在讓人難以消化。

惡作劇的幽默也可能會導致意外，這不是每個人都樂見。許多女性喜歡捕風捉影，將小道消息當做茶餘飯後的笑料，這是一種非常不負責任的低級趣味。

許多時候，幽默之所以能逗人發笑，並不在於它的言詞，而在於當時的場景及說笑話人的表達方式。同一個幽默故事，不同的人可能會說出不同的效果，因此，想要成為一個幽默的女人，必須培養自己的悟性。在表達幽默時需注意以下幾種禁忌。

一忌場合不對，亂開玩笑，不僅達不到預期的效果，還可能成為別人的笑柄。在參加別人葬禮時，不要試圖用幽默來緩解悲傷的氣氛，否則只會引來別人的氣憤：「這個人怎麼在這種場合搞笑，真是個沒有心肝的人！」但是，葬禮過後，適度的幽默卻能有效緩和氣氛。

二忌拿女人的外貌來開玩笑。沒有女人不在乎自己的容貌，被人拿來做文章是件相當殘酷的事情。有個笑話，有人對一位女性說：「通常若女人長得不漂亮，可以說她很有氣質。我覺得妳非常有氣質。」大概聽到這笑話的女性都想離說話的人遠遠的。無論如何，絕對不要用女人的容貌來開玩笑，但是，如果運用妳的幽默來讚美對方，則是最理想不過了。

三忌開別人職業的玩笑。職業是一個人事業成就的象徵，也是每個人價值的展現。一個人可以拿自己的職業來解嘲，但萬萬不可用語言蔑視別人的職業。有個女子的丈夫是記者，她可以對別人開玩笑說自己的丈夫是勞碌命，卻不可以對丈夫這樣說，否則將會傷到丈夫的自尊。如果玩笑話題涉及到職業，一定要先弄清楚對方的職業，否則會給自己帶來不可預想的後果。

四忌遇見什麼人都開玩笑。有的人性格開朗，能開尺度比較大的玩笑；有的人則比較敏感，特別在意別人的觀感，任何細微的批評都能讓他難過好幾天。在講幽默話語時，一定要將對方的性格因素考慮進去，否則有可能就此失去一個朋友。另外，每個人都有自己的底線，開玩笑時不要一再挑戰別人承受的底線，否則再溫和的人也會發脾氣。

五忌一味地模仿別人。機械地重複別人的幽默，不一定能取得相同的效果。有個冷笑話：「一個人叫小蔡，走著走著就被人端走了。」這句笑話玩的是文字遊戲，乍聽之下有種突兀的幽默感，說多了，就覺得沒意思了。許多女性不自覺地將相同的笑話重複很多遍，讓聽者也覺得尷尬，不知該怎麼反應。

女人幽默感的養成，來自於平時能夠適時地放鬆自己，以愉悅而樂觀的眼睛來看周圍的事物，善於發現周圍有趣的事情，並且用自己的語言將其表達出來。幽默感確實可以透過方法培養。

首先，鍛鍊自己的聯想能力。在普通人眼中的一件平常小事，在懂得幽默的人眼中，就會呈現滑稽可笑的成分。一個有錢人和一個窮人在路上相遇，有錢人傲慢地問：「你為什麼不向我行禮呢？」窮人說：「先生，我不欠你什麼啊，為什麼要向你行禮呢？」有錢人把口袋的錢給了一半窮人，說：「現在你可以向我行禮嗎？」窮人說：「現在我們的錢一樣多了，我為什麼要向你行禮呢？」有錢人將口袋裡的錢全給了窮人，說：「現在你可以向我行禮了吧？」窮人挺胸說：「先生，現在我口袋裡的錢比你多，應該是你向我行禮才對。」這是一種非常幽默的反諷法。窮人聯想到有錢人的心態，利用有錢人「有錢就是老大」的心理，不卑不亢，達到意想不到的效果。

第二，善於移花接木。這是一種巧妙偷換概念的方法，看似相同的語言卻能產生幽默的效果。有個人問神父：「神父啊，我可以在祈禱的時候抽菸嗎？」神父說：「不可以，這是對上帝的不敬。」那個人繼續問：「神父啊，那我可以在抽菸的時候祈禱嗎？」神父說：「當然可以，你真是個虔誠的人。」其實，結果是相同的，不同的問法會造成不同的效果，喜感十足。

還有個很有意思的故事，長官在軍隊裡巡視時，正好遇上士兵們吃飯。長官問：「伙食怎麼樣？」一個士兵回答：「報告長官，湯裡的泥土太多。」「你們入伍是為了保衛國土，而不是挑剔伙食！」長官非常生氣地斥責士兵。士兵畢恭畢敬地立正，回答說：「是，長官，但是我們絕不能吃掉國土。」此話一出，長官立刻對這名士兵刮目相看，士兵們的伙食問題也很快得到解決。

「泥土」與「國土」的意義相差很遠，但是士兵巧妙地移花接木，既展現了軍人的忠誠，又巧妙地達到了改善伙食的目的，讓人忍俊不禁。

第三，善於出其不意。一個體型肥胖的女性開玩笑說：「我穿白色的泳衣在海邊游泳時，飛過上空的美國空軍一定會非常緊張，以為他們發現了古巴。」一句自嘲的語言，反而讓聽者能夠感受到這位女士可愛的性格和豁達的心胸。這種利用貌似毫不相干的事情來進行對比的方式，能達到出其不意的效果。

透過從以上幾種方法，大家也許會發現幽默感的表達並非直截了當，而是善用一種迂迴曲折的方式，往往蘊含很深的含義。

幽默屬於樂觀、有修養的女性，需要女性有寬闊的心胸和良好的涵養。一個心胸狹窄、思想頹廢的女人是不會有幽默感的。

18 學會讚美，讓心靈充滿陽光

改變私房話 18

當一位女性用真誠的心讚美他人時，也能換來別人欣賞的眼神。

在光怪陸離的社會，我們會遇到各式各樣的人和事物，有好的，也有不好的。人無完人，世界上也沒有徹頭徹尾的好人，也沒有徹頭徹尾的壞人。學會用欣賞和讚美的眼光去看待別人，不斷去發現別人的優點，妳將會發現生活中更美好的一面。

學會讚美，人與人之間便會多一份理解，多一份溫暖。這種讚美，不是廉價的吹捧，也不是有目的性的精神賄賂。真正的讚美，是發自內心的欣賞與感動。當一位女性用真誠的心讚美他人時，也能換來別人欣賞的眼神。這種心靈的契合會讓整個生活都充滿陽光，世界也會變得更加美好。

讚美別人，需要克服狹隘的心理障礙，如果總是考慮自己的得失，用戒備和提防的心理去對待別人，是欣賞不到別人優點的，更談不上發自內心的讚美別人。

美國社會學家曾做個一項有趣的實驗：當兩對男女在街頭對面走過來時，男人的視線幾乎都落在對面的女性身上，目光中帶著欣賞。而女人的視線幾乎都集中在另一位女人身上，眼睛裡卻是充滿比較和挑剔。女性的讚美常常止步於同性之間，這是非常奇怪的現象。

女性往往對同性比對異性更加苛刻，就好比婆媳相處永遠有各種的問題，丈母娘與女婿之間卻相處得非常融洽。許多女性都有這樣的感受：非常害怕遇到女上司。一位各方面都非常出色的女性曾抱怨，在男人堆裡她可以盡展才華，在女上司的面前卻不得不斂首低眉，稍微活躍一點就會受到上司的打壓，有種「動輒得咎」的感覺。有首歌唱道「女人何苦為難女人」，想要女性真心誠意地讚美另一個女性，更是難上加難。

學會讚美，首先從同性開始。某位著名女作家說過：「同性相妒，所有的女人都是同性，所以我愛我身邊的女人。愛女人就是愛了人類的二分之一，那我不是很偉大嗎？」

讀中學時，班上有個漂亮、成績也很出色的女孩。我一直偷偷地觀察她，說不上來是羨慕還是嫉妒。但是我特別看不慣她那副高傲的樣子。有一次，老師安排我們兩個一起參加學校的活動。接觸的機會多了，聊的話題也多了，漸漸熟絡起來。她笑著對我說：「我一直以為妳很難接近，因為妳看起來有點高傲。」經過一番坦誠相待，就像在清水中蕩滌過，心靈一下子變得輕鬆愉快起來。

學會愛自己身邊的女人，尤其是比自己漂亮的女人，用真誠的心來對待她們，或許會有意想不到的驚喜。

對長得漂亮的人不要吝嗇自己讚美的語言；對長得不漂亮的人，可以稱讚她的內在；對偏胖的人，可以稱讚她光滑的皮膚；對偏瘦的人，可以稱讚她骨感的身材……有一次，小妹非常高興地問我：「姊姊，剛才有人誇我的頭髮很漂亮，又黑又亮。」望著小妹妹神采飛揚的神情，一時間讓我忘了呼吸。小妹小時候患過小兒痲痺症，腿腳不是很方便，她總是垂著腦袋，一副自卑的模樣。沒想到這麼簡單的一句讚美，能讓她散發出如此耀眼的美來。

有一個故事，一位心理學家來到偏僻鎮上的中學裡。他宣稱有一種方法可以測算出大家的智商，準確率高達百分之九十九以上。他發給所有學生一人一份試卷，批改完後，他列出了十個學生的名字，說這十個學生是全校最聰明的孩子。這十個學生中既有成績很好的，也有原本成績很差的學生。

一年後，心理學家再次來到這所學校。果然，當初那十個孩子的成績一直名列前茅，而且這些孩子的表現都非常好，受到大家的歡迎。其實，只有心理學家知道，那十個孩子是他隨意挑選出來的。被讚美的孩子們，忍不住按照讚美他們的人的標準來規範自己的行為準則，輕鬆地獲得了成功。

世界上不缺少美，缺少的是發現美的眼睛。用心去讀身邊的每一個人，才能由衷的讚美。

其實，每個人都有自己的自卑情結，有人因為外貌而自卑，有人因為工作而自卑，有人因為成長的環境而自卑……讚美，能夠幫助這些人重拾自信。一個長期得不到他人讚美與肯定的人，會不自覺地自我否定。讚美就像朵花，贈人玫瑰，手有餘香。一個人的表現已取得一定成績，只要給予適當的讚美與肯定，就會成為他繼續前進的動力。讚美是首詩，能讓生活充滿詩情畫意；讚美是一壺酒，適當飲用能讓人陶醉在酒的香醇中。

從心理學的角度，讚美是一種有效的交往技巧，可以搭起心與心之間的橋樑。一間公司裡，方小姐和張小姐兩人發生了一點不愉快。一次，方小姐對同事王先生說：「我受夠了張小姐的壞脾氣，真不想理她了。」第二天，當方小姐在路上碰到張小姐時，張小姐居然微笑著向方小姐打招呼。而且從此以後，張小姐好像變了個人似的，整個人一團和氣。方小姐奇怪地問王先生這是怎麼回事？王先生笑著說：「我只是跟張小姐說，很多人都稱讚她，尤其是方小姐，說她不僅長得漂亮，人也很好。」

在生活中，一味地責備和批評往往只會帶來更多的怨懟和不滿，為什麼不換種方式呢？正如某位學者所說：「理智、美麗和勇敢的讚揚提升了人們，完善了人們。」

一項研究結果告訴我們：經常誇獎、讚美別人的人往往積極樂觀，受人歡迎，而且不常生病；而經常指責、抱怨別人的人幾乎沒有朋友，甚至比一般人的壽命更短。經常讚美別人的女性，整個人也會顯得年輕、充滿活力。

但是，讚美也要掌握一定的方法和技巧。一名剛剛出社會工作的女孩，總得不到上司的青睞。諮詢過心理專家後，終於找出問題所在，原來是她不熟悉讚美的語言。有一次，她的上司戴了一條漂亮的圍巾，女孩誇獎道：「您今天真美麗！」她的上司不僅沒有喜笑顏開，反而冷著臉走開了。事實上，「美麗」是個表面詞彙，用在一般在口語中稱讚別人，反而蘊含了諷刺的意味，顯得言不由衷。讚美也需要從生活中學習，如果掌握好方法，能夠幫助我們更快融入社會，也能有助我們敞開心胸，看到更美麗的人生。

讚美是世界上最美好的聲音，也是上天賜予我們最好的禮物；讚美是樂觀生活中不可或缺的力量源泉；讚美還可以約束我們的行動，幫助我們主動克服缺點，積極向上。

19 保持從容，享受恬淡舒適的人生

改變私房話 19

從容的女人有很多特質，她的眼神是悠然的。
她用專注的眼睛看著男人時，帶著一些淡然，
不會給男人任何的壓力，讓男人們保有他們想要的自由自在。

美國著名詩人惠特曼（Walt Whitman）曾說：「當失敗不可避免時，失敗也是偉大的。」在漫長的人生中，每個人都有過奮鬥、拚搏的歷程。灰心、氣餒只會讓人生以慘澹收場，在任何時候都保持從容的心態，才能讓生命之花綻放。

從容沉著的女性總能找到生活的樂趣，發現與眾不同的美景。曾經看到一篇文章，題目是〈慾望創造了忙碌，浮躁囚禁了淡定〉。在這個紛繁複雜的社會，每天生活都如同陀螺一樣忙得團團轉。當生活總是為了房子、車子、孩子而奔波，誰還記得當初的夢想。在卓別林的電影

《摩登時代》中，每個人都只是一個個小「螺絲釘」的角色，而忙碌的現代人不也是在重複著自己的「摩登時代」嗎？

從容的女人總是笑看人生，微笑著面對一切艱難困苦。從容是一種品格，更是一種人生境界。從詩句「采菊東籬下，悠然見南山」中，我們能夠感受到與世無爭的閒適；從「天生我才必有用，千金散去還復來」中，又能感受到一種不受約束的灑脫心境。只有內心真正從容的人，才能有如此無入而不自得的心態。

有了從容的心，一切都會變得風輕雲淡。心態決定一切，當我們無力改變現狀時，以從容的心去面對，或許能找到屬於自己的另一個輝煌。大陸央視主持人芮成鋼曾經描述自己的成功歷程，在進入電視臺的第一年，並沒有像自己所預想的那樣在備受矚目的攝影棚主持節目，而是被分配到偏僻的小鎮擔任普通地方記者。殘酷的現實強烈地衝擊他的內心，但他並沒有像其他同事一樣跳槽去別的電視臺，而是保持從容的心態，堅持留在工作崗位。幾年後，他被調回央視本部，並且成為財經頻道的王牌主播，而那些沒有從容心態的人，仍然在小電視臺裡做著基層工作。

女性的感情往往比較豐富，抗壓性也稍弱。但是只有勇敢地面對，才能活出不一樣的人生。失敗並不可怕，可怕的是失敗後的一蹶不振；低谷並不可悲，可悲的是低谷後的萬念俱灰。在《流星花園》中，女主角雜草杉菜的不服輸、勇於面對暴力的從容心態，最終征服了一幫不可一世的公子哥。這種征服來自於內心力量的強大，是一種保持自我、勇於承擔的從容。

從容是一種精神。明代養生學家呂坤在《呻吟語》中告誡人們：「天地萬物之理，皆始於從容，而卒於急促。」現代人都活得很匆忙，事實上，這種匆忙往往是被逼出來的。沒有錢的人，受到貧窮和苦難的逼迫；有錢的人，受到名和利的逼迫。所謂「天下熙熙皆為利來，天下攘攘皆為利往」，名利成了加在人身上的一把枷鎖。

事實上，這種出自內心需要的匆忙是一種不可取的行為。無論生活多麼忙碌，都應該為自己保留一方開闊的心靈空間，享受內在的從容和悠閒。一名商人來到海邊度假，他看到漁夫在海灘上懶洋洋地睡覺，非常不解，問漁夫：「你怎麼如此悠閒呢？你看，海裡有那麼多魚，現在捕撈一定能賺很多錢。」漁夫問：「先生，賺那麼多錢有什麼用呢？」商人說：「這樣你的生活就會過得更舒適，可以像我一樣度假，享受海灘和陽光。」漁夫說：「先生，我此刻就在享受海灘和陽光啊！」

小時候看一部動畫叫《花仙子》，主角花仙子到處尋找代表幸福和快樂的「七色花」，她走遍了世界各地，最後在自己家的花園找到了。也許，幸福和快樂一直在我們身邊，因為外在的忙碌損耗了生命，而忽視了我們原本一直追求的根本目標。

從容是一種智慧。擁有一顆從容的心，有時候會被看成懦弱、無能的表現，但其實裡面蘊含著豐富的智慧。無論何時何地，不能失去自我，尋求真正內心想要的東西，以從容的態度處之，這才是真正智慧的體現。

中國知名女主持人楊瀾，總是以美麗優雅的形象出現在眾人面前。然而，楊瀾的幾次激流勇退，都顯示了與眾不同的智慧。先是離開風生水起的主持行業，選擇到國外進修，接著收購陽光衛視，再次重回主持的老本行。這一連串的舉措引起新聞媒體的猜疑，是力不從心？還是能力有限？然而，不管別人怎麼說，楊瀾始終堅持自己的選擇，她非常明智地找到了自己的位置。相對於浮躁的娛樂圈，尤其是動輒「雙棲」、「多棲」明星而言，這種明智的選擇凸顯了一種捨棄的智慧。

可以這麼說，能做到從容的女人才是真正有大智慧的女人。她必須有處變不驚的心胸，不浮躁、不虛榮的沉著，以及足以讓自己輕鬆面對各種挑戰的閱歷學識，還要有豐富而悲天憫人的情懷。能做到這些的女人，才是舉手投足間讓男人難以忘懷的極品女人。

從容的女人有很多特質，她的眼神是悠然的。她用專注的眼睛看著男人時，帶著一些淡然，不會給男人任何的壓力，讓男人保有他們想要的自由自在。

她的語調是舒緩低沉的。在與人交談時，言談落落大方，語速適中，娓娓道來，給人極大的精神享受。她不會故意捏緊自己的喉嚨或壓低嗓音做出嬌媚的樣子，而是一派自然，讓人如沐春風。

她的臉上常常帶著發自內心的笑容。在笑容的籠罩下，周圍的人都會不知不覺地放下沉重壓力，感覺非常舒適。

她的服裝不是繁瑣的，而是簡單自然，展現出她內心的舒服自在。無論出席什麼場合，她總能找到最適合自己的服裝搭配，展現自己獨特的魅力。

她的舉止是大方得體的，步伐穩定、頻率適中，給人穩定的感覺。在做任何動作時都輕盈舒緩，讓人如同欣賞一幅賞心悅目的藝術名畫。

她會用簡單自然的裝飾來詮釋自己對美的感受。也許長得不漂亮，但她一定是美麗的，是從內而外的怡然自得。

從容的女人最耐看，什麼時候回想起來，都如同深谷中的蘭花，淡然，卻堅定地釋放著自己的幽香。這樣的女人無論做什麼，都是處亂不驚的，她傳遞出一種訊息：一切都沒什麼大不了！

人生充滿了種種不可預測的變故，愛恨離別、生老病死，都無法避免，對人生抱著從容自信的態度，自然會成為健康、快樂的女人。

20 寬以待人，用心胸征服世界

改變私房話 20

伸出拳頭打別人，自己的拳頭也會受傷，不如收起拳頭，好好保護自己。

寬容是一種美德，展現了寬廣的胸懷。懂得寬容的女性最有風度，風度之美，貴在自然、貴在真誠。保持自然、真誠的生活態度，生活也會變得一片光明。對別人寬容，往往只需要一點點的理解和雍容大度，卻能帶來意想不到的收穫。

《史記》中記載，楚莊王宴請群臣，晚宴大廳，正當大家飲酒盡興時，一陣風吹來，燭臺燈全滅了，全場頓時陷入一片黑暗。侍者尋燈點火之際，楚莊王的愛妃附在楚莊王耳邊說，剛才有人乘黑調戲她，掙脫時她順手扯去了他帽子上的官纓。她對楚莊王說：「請大王把燈點燃，誰的官纓斷了，誰就是調戲我的人。」楚莊王卻宣布：「所有人在燈火點燃之前都把官纓扯斷，否則將會受罰。」過了一會兒，燈火點亮了，大家的官纓都被扯斷了，自然就查不出誰是調戲楚莊王妃子的人。這件小插曲很快消弭於推杯換盞之間。

然而，故事並沒有就此結束。兩年後，晉國攻打楚國，楚莊王在一次戰爭中陷入絕境，性命攸關。楚莊王身邊的一位將軍不顧一切護駕突圍，終於化險為夷。楚莊王躬身相謝，那位將軍淚流滿面，長跪說：「上次微臣酒後失禮，如果不是大王寬容以待，微臣早已是刀下魂了。」寬容的力量在於能夠幫助你獲得世界上最珍貴的東西——人心。正如哲學家史賓諾沙所（Baruch de Spinoza）說：「人心不是靠武力征服，而是靠愛和寬容、大度征服。」

林語堂先生的小說《京華煙雲》中，姚木蘭和曾蓀亞是一對人人羨慕的恩愛夫妻。好景不長，在新思想的衝擊下，曾蓀亞遇到並愛上了女學生曹麗華。姚木蘭用寬容的心對待他們，表現出不凡的氣度。初次相見，曹麗華就被姚木蘭的風度和高貴的氣質所深深折服，並主動表示願意退出這場混亂的關係。由於種種原因，曹麗華最終成為封建禮教的犧牲品。幸運的是，她並沒讓姚木蘭和曾蓀亞的婚姻留下陰影，反而使二人冰釋前嫌，恩愛更甚從前。

事實上，現實生活中誰也沒有辦法做到像姚木蘭那般深明大義。她的寬容也有一定的社會背景及歷史原因。然而，理解和大度就像搭建在人心之間的橋樑，能夠拉近心與心的距離，化敵為友，也有利身心健康。

這是一個發生在我生活的真實故事，做為旁觀者，我能夠體會到當事人的心痛，卻又覺得萬分無奈。故事女主角的偏執，最終只換來一聲嘆息。

一開始是浪漫的愛情故事。兩個人熱戀在高中時代，又相約考進同一座城市的大學。四年大學時光，兩人如影隨形，一起規畫了漫長的人生路。大學畢業後，兩個人約好去國外讀書。在辦理簽證時，女孩的簽證出了問題。男孩跟女孩約定，他先去，在國外等她。然而，當女孩終於如願出國，再次出現於她面前的男孩不再是一個人。七年的花前月下終究只是鏡花水月，如同一場夢。女孩絕望至極，痛恨所有的男人。她不惜報復身邊所有的男人，並以犧牲自己為代價。故事的結局，她被同事的老婆當眾甩了一個耳光後，沒有辦法繼續留在公司裡。離開公司後，她自殺未遂，現在仍在接受心理醫生的治療。

寬容如同一盞小小的燈，雖然微小，卻能在黑暗之中溫暖人心。真正成熟女人的內心開放且寬容，以寬容之心對待周圍的人、對待自己，又在寬容之中獲得心靈的平靜，這種美是深沉而從容的。

相對於男性而言，女性更感性，也更情緒化。所以，許多女性容易陷入這種困惑，愛不得便報復。殊不知，到頭來受傷最深的人正是報復者自己。**放愛一條生路，其實也是放自己一條生路**。

伸出拳頭打別人，同時自己的拳頭也會受傷，不如收起拳頭，好好保護自己。時間是最好的報復工具。在時間長河中，曾經被拋棄的女人重塑新生，努力發掘自己的潛力，最終必會釋放璀璨的光芒。有一天，當初拋棄自己的男人重新出現時，想起的詞語將是「後悔」而不是「幸好」。

十三世紀的神父聖多瑪斯．阿奎納（St. Thomas Aquinas）列舉出各種惡行的表現，分別是：傲慢、嫉妒、憤怒、懶惰、貪婪、貪食及色慾，合稱為「七宗罪」。七宗罪中，與寬容相悖的有嫉妒和憤怒兩種。

有一則關於嫉妒的小故事。

有個人遇到了上帝。上帝說：「我可以滿足你一個願望，但同時你的鄰居也會獲得雙份的報酬。」那個人非常高興，但是仔細一想：「如果我要一份田產，我鄰居就會得到兩份田產了；如果我要一箱金子，那鄰居就會得到兩箱金子了；更要命的是，如果我要一個絕色美女，那麼那個傢伙就能同時得到兩個絕色美女……」思前想後，他實在不甘心被鄰居白白地佔了便宜，最後咬牙說：「上帝，請祢挖掉我一隻眼睛吧！」

玉石俱焚、兩敗俱傷，皆是慘烈的成語。贏了別人，輸了天下，結局仍是輸。寬容，懂得彼此合作，這才是雙贏的智慧！

女人的嫉妒心很奇怪，會在一剎那間平白無故地對另一個女人產生敵意。即使對方是初次見面，只因為那個女人擁有某個自己一直想要而不可得的東西，接著會不遺餘力地從各方面攻擊自己臆想的「敵人」。事實上，在攻擊的過程中，女人的臉會變得醜陋無比。

很喜歡老子的一句話：「夫唯不爭，故天下莫能與之爭。」沒有爭鬥之心，天下在自己的眼中，也變得渺小起來，這是何等的氣魄。擁有寬容之心的女人，恬淡如出污泥之蓮，永遠高雅、魅力十足。

21 以平常心處事，於無聲處聽驚雷

改變私房話 21

人的一生總有起伏，
但大部分時間是在平淡無奇中度過的。
以最平常的心處事，就能抓住最實在的幸福。

生活原本是很平淡的，每天都有做不完的瑣事，彷彿生活重心就是開門七件事：柴、米、油、鹽、醬、醋、茶。很多人試圖在平淡生活中過出不平淡的人生，在不斷追逐的過程中，反而失去了原有的平常心。

平常心是一種不被感情所左右、不為名利所牽引的心理狀態。佛教非常推崇平常心，六祖慧能的再傳弟子馬祖道一禪師曾說：「平常心是道，無造作，無是非，無取捨，無斷常，無凡無聖。只今行住坐臥，應機接物，盡是道。」平常心是一種以平等之心對待萬事萬物的超然境界。以平常心處事，事事平常，事事不平常；以平常心觀人，人人平常，人人不平常。

「平常心是道」，語雖淺，意蘊卻豐。生活在紅塵俗世中，我們被各種欲念牽引著，終日奔波直至身心疲憊。許多人雖然明白其中的道理，但是遇到事情還是提不起、放不下。佛教中有許多關於平常心的故事，或許能給我們一些啟發。

有位禪師，某天和三名弟子一起參禪。禪師問三人：「門前有兩棵樹，一棵榮，一棵枯，你們說是榮的好，還是枯的好呢？」一個弟子說：「榮的好。」一個弟子說：「枯的好。」最後一個弟子說：「枯也由它，榮也由它。」選擇榮或枯，都會產生得失心，只有以平常心看待萬事萬物，才能得失隨緣，如人飲水，冷暖自知。

南北朝時，佛教禪宗傳到了第五祖弘忍大師。弘忍大師在湖北黃梅開壇講學，有弟子五百人。弘忍大師想在弟子中挑選一位來繼承衣缽，於是他對弟子們說，大家都做一首偈，誰做得比較好，就將衣缽傳給誰。

大弟子神秀在牆上寫：「身是菩提樹，心為明鏡臺。時時勤拂拭，勿使惹塵埃。」大意是要時時刻刻去照顧自己的心靈和心境，透過不斷的修行來抵禦外面的誘惑。這是，廚房裡一個燒柴的和尚慧能聽到了，回應道：「菩提本無樹，明鏡亦非臺，本來無一物，何處惹塵埃。」意思是，世界上本來就是空的，看萬事萬物也無非是個「空」字，沒有什麼事情能在心裡留下痕跡。弘忍大加讚賞，於是將自己的衣缽傳給了慧能。

在佛家人眼中，要睡覺就睡覺，要坐著就坐著，熱時靠近涼的東西，冷時就生火。這是一種自然的狀態，是平常心的全部展現。如果刻意反之，反而會喪失平常心，而成為反常心、異常心。

現代女性與傳統女性有很大的不同，必須與男性一樣外出工作，同時也要兼顧家庭，導致許多女性在婚前光鮮亮麗，婚後卻因為家庭工作蠟燭兩頭燒，急速成為黃臉婆。

人的一生總有起起伏伏，但大部分時間都在平淡無奇的生活中度過。女性更多的價值展現在奉獻上，大部分時間給了自己的丈夫、孩子、家中長輩。在平凡生活中，卻蘊藏著實實在在的幸福。

假如生活給了女人快樂，就應該從最平凡的小事中去體驗人生的幸福。這種幸福不是源於波瀾壯闊、跌宕起伏的事件中，而是最平常的事情。聰明的女人都會把握這種最平常的幸福，不苛求、不猜忌，以最平常的心處事，就能抓住最實在的幸福。

用平常心看待世間萬物，不是仰視，也不是俯視，而是平視——平淡、平等、平靜地看問題。**平常心要以知識為底蘊，只有知識，能幫助我們看到事物背後的真意；平常心要以勇氣做為後盾，患得患失、懦弱的人沒有辦法擁有平常心。**只有完全拋開得失、榮辱的人才能做到真正的平常心。正如老子所說：「夫唯不爭，故天下莫能與之爭。」只有在平常心態下，生命才能擁有最大的意義。

在我們身邊總有一些不快樂的「完美主義者」。我的朋友燕子就是這樣的人，事事都要求完美。基本上，她是一個讓人非常放心的人，託付給她的任何事情幾乎都可以按照要求做到最好。朋友聚會，她總是擔心地面不夠乾淨、桌子不夠整潔、食物不夠精美。在患得患失中，聚餐終於結束了，她也長長地舒了一口氣。如果有哪些微小細節做得不足，她的情緒就會非常低落，不斷責怪自己，甚至影響到周圍的人。

燕子的男友常常被她的行為弄得抓狂，他這樣形容他們的生活：「我總是處在擔驚受怕的情緒中，哪天她大叫一聲，我就反射性地想，是不是我毛巾又掛錯了位置。」對燕子而言，壓力來自於內心，生活彷彿不是用來享受的，而是用來戰鬥的。她永遠無法盡情享受眼前的生活，總在追求虛無縹緲的完美生活。

最後，處於長期焦慮的燕子不得不求助心理醫生，調整自己的心理狀態。再見她時，她明顯放鬆多了，臉上也有了光采。燕子所患的這種病，被醫生稱為「完美綜合症」，是時下非常流行的一種心理疾病，好發於女性，特別是傳統型女性身上。她們渴望得到別人，尤其是家人的讚賞，這會讓她們很有成就感。要求自己每一分、每一秒都要展現價值，讓家人得到快樂，卻不知道快樂在不斷的糾結中早已悄悄流失了。

平常心不是看破紅塵，也不是消極避世，而是一種積極樂觀的人生心態，是一種「不以物喜，不以己憂」的生活體驗。平常心貴在平常、波瀾不驚、生死不畏，於無聲處聽驚雷。即使得了大獎，中了樂透彩，心潮也不會急劇澎湃；面對大災大難，也不會怨天尤人，而是盡力拚搏。

曾經在報紙上看到這樣一段話，很是喜歡，全文摘錄以作結尾：「人心如鏡，照山是山，照水是水，女人需要時時反省，時時自視，時時自悟，不失自我，不失良知，不失睿智，不失真誠。如果女人在寧靜的思索中尋求平常心，尋求一份超然物外的自然，順其自然，女人就會得到寧靜，讓寧靜以致遠。」

22

別讓憂鬱帶走妳的光采

改變私房話 22

林黛玉有美貌，有才學，
但以現代人的眼光來看，
她並不是做妻子的最好人選，
誰能忍受身邊總是待著一個動輒淚眼汪汪的人呢？

憂鬱是種病，根據聯合國衛生組織估計，全球目前有二至四億人口正在遭受憂鬱症的折磨。憂鬱症是一種長期處於低落情緒籠罩下的生理疾病，短期內很難治癒，需要很長的一段時間的療養才能得到緩解。輕度的憂鬱症患者雖然可以自我控制情緒，但如果不及時治療，會漸漸失去扮演社會角色的能力，甚至自殘。

而根據研究辨明，女性患憂鬱症的幾率高達二〇至二六%，幾乎是男性的兩倍。整個社會對女性形象及女性角色的期待往往高於男性，但女性卻相對擁有較少的能力來解決這些問題。在現實生活中，我們常常能看到這樣的情況：一個成功的男性，大家往往對其讚賞有加；可是一個成功的女性，卻往往引發多方猜測。再加上荷爾蒙分泌的波動，造成更年期的女性更容易罹患憂鬱症。隨著社會壓力的增加，憂鬱症有越來越年輕化的趨勢，最新的統計資料表示，憂鬱症的平均發病年齡為二十四歲。

國外心理學家表示，人的氣質在很大程度上來自遺傳。胎兒在母體內已經能夠開始感受到外面的世界了，**母親的喜怒哀樂將直接影響到孩子將來性格的發展。當胎兒脫離母體的那一瞬間，感受最深的便是孤獨和焦慮，他們習慣性的將這種焦慮訴諸於大聲哭泣。然而，這種情緒會伴隨著人的一生，尤其是生活遇到了一些波折或不幸時，人開始變得非常憂鬱，動作也恢復成胎兒時期蜷縮的狀態。**如果不及時地紓解這種情緒，就有可能罹患憂鬱症，難以自拔。

患有憂鬱症的人由於無法透過行動來表達自己，很容易產生絕望、自暴自棄的想法，總覺得有一種充滿陰鬱和痛苦的魔力跟隨著自己。這種力量會將自己推入絕望的境地，將所有的希望全部扼殺，直到死去。

在現實生活中，我們經常會碰到這種人：整天悶悶不樂，臉上愁眉苦臉，情緒低落，經常失眠。這種人離憂鬱症不過一步之遙，其中典型的代表就是《紅樓夢》中的林黛玉。《紅樓夢》中有一段關於林黛玉的詞：「兩彎似蹙非蹙罥煙眉，一雙似泣非泣含情目。態生兩靨之愁，嬌襲一身之病。淚光點點，嬌喘微微。閒靜時如嬌花照水，行動處似弱柳扶風。心較比干多一竅，病如西子勝三分。」林黛玉之美在於其絕世的容顏，在於其待人以誠，而其美中不足之處，大概就在於其敏感及多愁善感的性格上。以現代人的眼光來看，林黛玉並不是做妻子的最佳人選，誰能忍受身邊總是待著一個動輒眼淚汪汪的人呢？

有人說，在這個快節奏的社會，憂鬱症其實存在於許多女性的內心深處，如同一道符咒，只需要一個點，就能夠迅速爆發出來。要避免陷入憂鬱的境地，女性們可以從以下幾個方面著手：

❶保持樂觀的情緒

樂觀的情緒是身心活動和諧的象徵，也是心理健康的重要指標。幸福的女性們並不一定比別人擁有更多的快樂，只是她們從來不抱怨生活。她們清楚不良的情緒是有害的心理因素，是引起身心疾病的重要原因。從中醫學的角度來說，臉上長滿痘痘的女性往往也是內心憂鬱的人，所以要想保持光潔的皮膚，需要先保持樂觀的情緒。

現代醫學也進一步證明，樂觀情緒可以使人體內的神經系統、內分泌系統自動調節機能，處於最佳狀態，有利於身體健康。馬克思曾說過：「一種美好的心情比十副良藥更能接觸心理上的疲憊和痛楚。」

❷保持適當的運動

每週至少運動一個小時，瑜伽、慢跑或爬山都是不錯的選擇。在運動的過程中，可以調節不良情緒所帶來的負面影響。在流汗的過程中，汗液能夠幫助人體排出身體裡的毒素。而且經常運動，能夠強化心血管功能。

其實，哭泣、流眼淚也能夠達到相同的效果。在親人或摯友的面前痛哭流涕，是一種排解悲傷情緒的有效方式，也能夠調整身心的平衡。研究表明，情緒類的眼淚和別的眼淚不同，裡面含有一種有毒的化學物質，透過眼淚，這些物質會隨之排出體外。

❸多與大自然親近

在大自然壯麗的景色前，個人的情緒往往不值一提。在城市工作很久的人，往往不自覺地沉迷於帶自然的優美之中。到大自然中去走一走，對於調節人的心理活動有很好的效果。環境優美的花園和郊外、人煙稀少的森林，或是農村的田園小路都是不錯的選擇。長期處於緊張狀態的都市人，定期到大自然中放鬆一下，對於保持身體健康、調節緊張心情有很大的幫助。

❹適當向人傾訴

當情緒受到壓抑時，請將心中的苦惱向朋友或心理專家傾訴出來。某些性格比較內向的人，喜歡壓抑自己內心真實的情緒，帶來的負面影響往往是不可估量的。震驚美國人的維吉尼亞理工大學的殺人慘案，就是起源於兇手長期壓抑自己的情緒，最後以殺人做為情緒的宣洩。事件發生後，相關報導指出兇手是一個孤獨的人，沒有朋友，也很少與人交談，被醫生診斷患有「憂鬱症」。在低沉情緒長期得不到排解和傾訴的情況下，他拿起了手槍，擊發出兩百多枚子彈。

大家都曾有這樣的感受：有些事情，過些時候來看，彷彿不值一提，但是在當時的情境下，當事人很容易鑽牛角尖。因此，如果請旁觀者指導一下，或許就變得不值一提了。在講述時，即使別人不發表意見，只是靜靜地聽，有時也能獲得很大的滿足。

❺語言暗示法

語言是人類特有的高級心理活動，採用語言暗示法對人的心理的調節有著奇妙的作用。許多處於憤怒或悲傷的情緒中的人，透過語言的暗示作用，能夠有效地調整和放鬆心理上的緊張。當妳生氣時，可以嘗試安慰自己：「生氣是無能的表現，別人生氣我不氣，氣壞身體無人替。」不斷地自我暗示，就會達到心情的平靜。

面對生活，很多事情不能如己所願，別人得到了幸運而妳卻與機會擦肩而過；別人或得了成功而妳卻陷入困境；別人有個疼愛自己的老公而妳卻單身一人……然而憂鬱並不能幫妳得到一切，不如放下執念，嘗試遠離憂鬱，妳會發現屬於自己的另一種精采。

23 相信自己，別人才會相信妳

改變私房話 23

擁有自信的女人，
也擁有誘人的氣質和難以抵擋的吸引力，
這是任何外在裝飾都達不到的。

做為母親——女人的成長直接影響著人類社會的發展。做為家庭的一員，女人是女兒、妻子、母親、媳婦，既要承擔養兒育女、贍養老人的義務，還要當丈夫的堅強後盾；做為社會的一員，女人是創造社會財富的一份子，是現代社會進步的展現。想要扮演好如此多功的角色，並非容易的事情，但最重要的是相信自己，因為只有相信自己，才能讓所有依賴妳的人相信妳。

「水因懷珠而媚，山因蘊玉而輝」，女人因自信而美麗。自信會讓女性神采飛揚，再平淡無奇的相貌也會光采照人；自信會賜予女性不凡的氣質，使她更加迷人。自信的女性從容大度、舒卷自如、神采奕奕。

在這個處處充滿競爭的社會，傳統自怨自艾、柔弱無助的女性形象已經成為明日黃花，取而代之的是充滿自信的現代女性。女人不再只做為男人的附庸而存在，而是獨立的個體，具有獨立的思維和意識。

自信的反義詞是自卑，而自卑是女人健康和美麗的大敵。長期處於自卑的心理狀態中，女人會變得情緒低落、臉上也會失去光采。心理學家認為，自卑是一種過度自我否定而產生自慚形穢的情緒體驗。其主要表現為對自己的能力、學識、容貌等自身因素的評價過低，自卑感的產生，往往不是認知上的不同，而是感覺上的差異。

小美是個自卑的小女孩，她一直覺得自己長得不夠漂亮，在與人說話時，她總習慣低著腦袋。有一天，小美在商店的櫥窗裡看到一個漂亮的蝴蝶結。她試戴時，店主不斷地讚美說：「妳戴上這個蝴蝶結，漂亮極了。」小美高興地問：「真的嗎？」「當然，不信妳可以照照鏡子。」店主回答說。

小美站在鏡子面前，果然非常漂亮。她高興地付了錢，走出商店。在路上，所有認識小美的人都驚奇地看著她：「小美，妳今天可真漂亮啊！」小美高興極了，快樂地和每一個人打招呼。

下午，小美再次走過那間商店時，老闆叫住她：「小女孩，妳的蝴蝶結掉在我們商店的門口了。」原來，小美離開時，蝴蝶結已經掉在地上了，今天小美的漂亮與蝴蝶結無關。

擁有自信心的女人，也擁有誘人的氣質和難以抵擋的吸引力，這是任何外在裝飾都達不到的。即便是擁有「沉魚落雁之容、閉月羞花之貌」女人，失去了自信，就如同失去內涵的無心人，徒有其表。容貌是女人人生中最短暫的夥伴，隨著歲月流逝，它會不知不覺地遠離妳。而沉澱在心中的內涵，會透過自信將女人全部的美麗毫無保留地綻放出來，而這樣的美麗絕不會受到歲月的侵蝕。

俗語說：「女人四十豆腐渣。」幾乎所有的女性都試圖在豆腐渣來臨之前，利用各種方法來抓緊青春的尾巴，美容、健身、高檔的保養品等。但是，這些方式雖然能延緩衰老來臨的時間，卻不能完全避免。只有言談和舉手投足之間的自信，才能時刻散發出不凡的氣度和讓人舒服的感覺。明星趙雅芝年逾五十仍然明豔動人，與她的自信有關，正如她所說的一句話：「美該有深度，有內涵，品格最重要，保持自信，本著宗旨去做人。」的確，只有有內涵的自信美，才經得起時間的考驗。因為自信可以變成一種人格魅力，深深吸引周圍的人。一個自信的女人會更懂得生活，懂得展現人生的價值。

在我們的周圍有一群人，似乎一直是上天所眷顧的幸運兒。羅莎貝斯·摩斯·肯特無疑是其中比較出色的一位，她是哈佛商學院第一位被聘為終身教授的女性，同時被多家跨國公司和政府機構聘為顧問。二〇〇三年的「五十名最著名商界人士」中，她位列第九。坎特在自己的著作《信心：創造成功的循環》中說道：「成功和失敗都是一種自我期望的實現過程，你播種什麼樣的種子，就會結出什麼樣的果實。信心是一種神奇的催化劑，有信心的人會克服所有困難，透過不懈努力和艱苦工作求得成功。」針對自己的成就，她說：「這不是幸運，而是信心，別小看信心的力量。」

一隻跳蚤被放進杯子中，一開始，跳蚤一下就能從杯子中跳出來。然而，在杯子上蓋上透明蓋子後，跳蚤仍然會向上跳。經過幾次失敗後，跳蚤慢慢就失去了跳的勇氣。這時將透明蓋子拿走後，卻發現那隻跳蚤再也跳不出杯子了。這是一個著名的實驗，透過這個實驗，我們得到一個啟示：如果說自信不一定讓你成功，那麼喪失自信，你一定會失敗！

生活中總會遇到許多問題，實際上大部分的問題源於信心不足，一旦擁有足夠的信心，許多問題將迎刃而解。世界上沒有完美的女人，每個人都會有不足之處，如果一直抱怨，那麼一生只能與失敗為伍。如果用自信的心去提升自己，那麼即使仍然不完美，也不會留下遺憾。

想要成為有自信的女人，首先必須內心充實、充滿活力。女人是在不斷獲取知識的過程中，以及經過社會不斷洗禮而逐漸成熟的。張太太是一個幸福的全職主婦，然好景不長，某天她發現丈夫有了外遇。張太太的丈夫是她的高中同學，兩人從高中到大學，經歷過馬拉松式的愛情長跑後，大學一畢業就步入了婚姻。張太太將丈夫當成自己唯一的依靠，原本能夠進入大公司就業的張太太毅然選擇賦閑在家，成為全職主婦。

發現丈夫有外遇後，張太太找到了那個小三。原本以為那個女人只是貪圖老公的錢，然而張太太發現，對方是一個非常有氣質的女人，不僅如此，她還擁有自己的事業。張太太馬上意識到自己面臨了人生最殘酷的考驗，她輸的不是別人，而是自己的止步不前。

自信的養成還在於自我肯定。從心理學的範疇來說，自我肯定也是自我暗示的一種。每天早上推開窗戶，呼吸一口清新的空氣，然後大聲告訴自己：「我是最棒的！」每當妳做完一件事情或說完一段話後，不斷告訴自己：「這件事情我做得很好。」久而久之，妳會發現自己變得更加自信了。

事實上，美貌、事業有成就並非女性自信心的唯一來源，女人的自信也未必都是建立於外在的物質基礎上。家庭和諧、身體健康、人緣良好等也是自信增強的因素。如同鮮花一樣，自信的養成也需要經營和培植。嘗試用人生中取得的小小成功來激勵自己，受到了朋友的讚揚，做出了一頓可口的飯菜，都可以成為妳自信的理由。

自信如同綿綿的春雨，澆灌著女性生命的花朵，使它開得更加燦爛。

24 感恩生活，生活就會賜予妳愛

改變私房話 24

學會感恩便是學會了一種良好的生活態度，
當我們對周圍的人和事都心存感激時，
便可以消除內心所有的積怨和不滿，
整個世界也會變得清透而快樂。

一個人生活得快樂與否，不在於是否年輕美貌，也不在於是否富有，而在於她是否擁有一種健康的精神狀態，以及是否擁有一顆感恩的心。在漫長的人生旅途中，我們會認識各式各樣的人，會經歷許許多多的事情。在所有的人和事中，我們不能要求一切盡如人意，就如同我們不能要求花開的季節、月圓的時間，只有擁有一種感恩的心，才能保持內心的豁達。

感恩，讓世界變得更加美好，也會讓生活充滿了快樂。即使是生活中的苦難，也嘗試將它當成上天賜予妳的禮物，或許是馬上有「大任」將要降臨在我們的身上。學會感恩便是學會了一種良好的生活態度，當我們對周圍的人和事都心存感激時，便可以消除內心所有的積怨和不滿，整個世界也會變得清明而喜樂。正如**英國作家薩克萊（Richmond Thackeray）說：「生活就是一面鏡子，妳笑，它也笑；妳哭，它也哭。」**我們感恩生活，生活將賜予我們燦爛的陽光。

有個人在路上行走，碰到一位老人。他停下問：「老人家，請問前面村莊裡的人好相處嗎？」老人問：「你之前所在的村莊的人好相處嗎？」那個人回答說：「糟糕透了，一點都不好相處。」老人回答說：「前面村莊裡的人也糟糕透了，一點都不好相處。」

另一個行人也碰到了那個老人，他問：「老人家，請問前面村莊裡的人好相處嗎？」老人問：「你之前所在的村莊的人好相處嗎？」另一個行人回答說：「大家相處得非常和睦，每個人都非常好。」老人說：「前面村莊的每個人也都非常好，大家相處得也非常和睦。」

以誠待人，以責人之心責己，懷著感恩的心對待別人，別人也會用相同的態度對待妳。有些人對生活、對工作總是抱怨，而不是去感激、去尊重，那麼，生活、工作也會拋棄妳；只有感恩生活，生活才會賜予妳愛。

西方有一句諺語：「所謂幸福，是有一顆感恩的心，一副健康的身體，一份稱心的工作，一個深愛你的愛人，一群可信賴的朋友。」它將感恩列在幸福之首。不懂得感恩，就等於沒有善於感知幸福的心，又怎麼會感受到生命的鮮活、人性的美好呢？

懂得感恩，對女人來說尤為重要，因為相對於男人來說，女人更為感性，受各種情緒的影響遠遠高於男性。如果女人缺少感恩的心，那她會一直認為自己的生活不夠完美、別人對自己也不夠好，將不會有滿足感和幸福感。

一位妻子整天抱怨老公沒有幫過她什麼忙。她以為要他去弄杯水來喝，也是個大工程。老公也不會換小孩子的尿布，修水管。然而，那個夏天他到國外去了，她才很驚訝地發現，其實老公每天都為她做了許許多多的瑣事——自己卻沒有向老公說過一聲謝謝——現在她必須自己去做那些事了。

美國情報部門曾截獲兩份電子郵件，一份是伊拉克前總統海珊（Saddam Hussein）的女兒拉娜發給她的密友阿伊莎的，另一封是阿伊莎的回信。英國《太陽報》刊登了這兩封信。

阿伊莎：

阿布杜拉國王總算正式收留了我們，居住條件也有了改善，熱水已正常供應。雖然我們還不能自由活動，但至少安全有了保障。昨天，紅十字會的官員帶來一封信，說父親的精神並不像外面傳言的那樣糟糕。感謝真主！能讓我聽到這樣的好消息。現在我正在考慮寫一封既能通過檢查，又能給父親安慰的信。他太需要我了。另外，軍管處已允許我們其中的一人回伊拉克與律師接觸，這真是一件令人高興的事。一切都在好轉，感謝您的支持！

阿伊莎是誰？美國情報部門沒有公布，但從她給海珊女兒的信可以看出，她是阿拉伯世界的另一位公主。她的信是這麼寫的：

拉娜：

我煩透了，所有的僕人都在跟我作對。我要的是涼咖啡，端上來的卻冒著熱氣；我最討厭有奶油的芝麻點心，而他們送來的偏偏就是這種東西。我的卡羅里也墮落得讓我傷心，昨天，牠竟從外面叼了一隻僕人的鞋子回來。今天，班斯玩水果刀劃破了手，服侍他的六個僕人已被我全部辭退，他們是一群我所能見到的最沒責任心的傢伙。明天我準備到班加西去，如果日子再這樣下去，我非發瘋不可。祝妳好運，真主保佑妳。

美國《基督教科學箴言報》卻發現了衡量幸福的標準：衡量一個人是否幸福，我們不應看他擁有多少高興的事，而應看他是否正為某些小事煩惱著。努力做一個感恩的女人，以一顆光明坦蕩、真誠熱忱的心去面對自己身邊的每一個人、遇到的每一件事，即使面對生活中的坎坷與磨難也始終微笑，把它當成命運賜予的財富，堅強豁達地去承受、積極樂觀地去應對，用這些經歷磨練自己的意志、鍛鍊自己的能力，用這些閱歷豐富生命的積累、增加人生的厚度。

對幫助過自己的人真誠說一聲「謝謝」；對需要幫助的人伸出援助之手。每天都感激著同時被別人感激著，每一天都是快樂而完美的日子。感恩需要發自內心，我們可以嘗試用不斷感恩的方式增加生活的幸福感。

感謝生活！感謝生活讓妳平安地度過每一天。一個朋友說：「每天早上醒來，看到清晨的美好，我都會覺得自己是個幸運的人！因為，我又將度過幸福完美的一天，我應該好好珍惜。」

給自己愛的人一些小小的意外驚喜，感謝他們一直以來的陪伴。為母親精心準備母親節禮物，感謝她生育了自己；當丈夫結束一天的工作回到家時，準備美味的晚餐，感謝他為了你們的美好生活而打拚；當孩子打開便當盒時，發現妳特別製作的小甜點，感謝她（他）來到妳的身邊，帶給妳快樂。

與人為善，多做一些不圖回報的善事。這也是我們對社會的回報。用無私寬容的心去幫助剛來公司的新人，以感謝當初幫助過妳的前輩們；對公車司機說一聲「謝謝」，感謝他將妳平安送達了目的地；感謝街邊拉琴的老人，因為他為妳的生活帶來了不一樣的美妙旋律。

即使面臨不幸，也要時刻保持感恩之心。一位開朗的女孩遭遇車禍，一條腿受了很嚴重的傷。她的朋友都去看她，試圖安慰她，卻反而被女孩所安慰：「不要擔心我，我現在非常感謝上天，沒有奪走我的生命。」

感恩是一種處世哲學，常懷感恩之心，會讓妳擁有很多朋友；感恩是一種生活態度，常懷感恩之心，會讓妳淡泊名利，知足而愉悅；感恩是一個人不可磨滅的良知，常懷感恩之心，會讓妳懂得滴水之恩，湧泉相報。

Part 3

請智慧進駐大腦
——聰明是可愛的必備元素

25 試圖控制別人，最後只會受制於自己

改變私房話 25

關係越親密，
越要尊重對方的意願和性格，
強迫別人接受自己的想法和意願，
只會讓對方離自己越來越遠，最終被束縛住的，只有自己。

人與人相處時，千萬不要試圖去改變別人，無論是夫妻、父母子女，還是朋友之間，都不要輕易地去嘗試。相互尊重，相互理解，才是人與人之間的相處之道。

有人說：「世界上最複雜最令人頭痛的關係是夫妻關係，最令人悲傷最令人失望的關係也是夫妻關係，最使人嚮往又最讓人絕望的關係更是夫妻關係。」之所以如此矛盾，是因為夫妻關係是世界上最難把握的。這種關係遠不得近不得，強不得也弱不得，纏不清又攪不明。

許多人的婚姻以喜劇開始，卻以悲劇結束。在童話故事中，常常是以「公主和王子從此過著幸福的生活」而結束，沒有幾個敢真正涉及婚姻生活。悲劇的來源不是貧富的差距，也不是身分的問題，而是夫妻雙方各自的價值觀。許多人都試圖按自己的想法和意願改變對方，妻子想要丈夫接受自己的價值觀，丈夫想要將自己的意願強加給妻子。結局是沒有任何一個人能夠改變對方，即使是所謂的改變，也只是綜合考慮各種因素後的暫時妥協。試圖改變別人，就是悲劇的開端。

不要試圖去改變或控制除自己以外的任何生命，尤其是人。關係越親密，越要尊重對方的意願和性格，強迫別人接受自己的想法和意願，只會讓對方離自己越來越遠，最終被束縛住的，只有自己。

經常聽到父母對子女說「我們是為你好」、「不聽老人言就是自討苦吃」。但是「禍兮福所倚，福兮禍所伏」，就算現在看來是「禍」，誰又能肯定將來不是「福」呢？

每個人都有自己要去的地方，每個人都有屬於自己的旅程。即使長輩們為我們設定好了要走的路，我們也會因為貪看風景而選擇逃離這條路。很喜歡三毛在撒哈拉的故事中的一句話：「**生命的過程不論是陽春白雪還是青菜豆腐，我都要嚐一遍，才不枉來人世走一趟。**」每個人都有選擇自己人生方向的自由，任何人都沒有權利橫加干涉。

「江山易改，本性難移」，試圖改變別人是艱難的，改的人痛苦，被改的人更痛苦。就像試圖將老鼠改成貓一樣，試圖將他人改造成另一個自己，都是逆天而行，不可能的任務。

女性的感情世界較男性更為細膩、豐富，情感上的付出也往往多於男性，因此，女性們常常會有這樣的想法：「我對你這麼好，你也應該相應的回報於我。」偏偏許多男性在感情上少根筋，不解「風情」，於是女性開始患得患失，總覺得對方不是那麼愛自己。

淑芬與丈夫結婚剛好一年，回憶一年來的點點滴滴，幾乎都是在吵架中度過的。淑芬常常抱怨丈夫沒有想像中愛自己，她說丈夫從來沒有為自己買過一束鮮花，甚至還忘記了兩人的結婚紀念日。淑芬在對好朋友訴說時，甚至懷疑自己的丈夫是否有外遇。在好朋友的建議下，淑芬開始翻看丈夫的手機，調查他的行蹤。一連串的小動作很快被丈夫發現了，再次掀起了一場軒然大波。兩個人正協商離婚時，淑芬發現自己已經懷孕了。淑芬陷入痛苦的掙扎，她覺得這場婚姻是她人生中最大的失敗。

事實證明，成功的婚姻並非去改造一個妳喜歡的人，而是選擇一個適合妳的人。當全世界的人都深深地被黛安娜王妃的美麗所折服時，她的丈夫卻義無反顧地選擇了一個相貌平平、還年長於自己的女性。黛安娜美麗的外表並沒有為她贏得幸福的婚姻，相反地，王子和公主一走進婚姻的殿堂，就陷入了無止盡的爭吵之中，最終以離婚收場。經過三十四年的糾纏，查理斯王子終於迎娶了五十七歲的卡蜜拉，一個微胖、皮膚鬆弛、臉上布滿皺紋的女性。正如外界評論所說：「他們互不相同，而又互相補充。在愛情和生活裡，他們是平等的。」查理斯和卡蜜拉是天造地設的一對，是真正的靈魂伴侶。

在婚姻生活中，無論什麼時候，都要保持獨立的靈魂，不要太過依賴對方，也不要試圖改變對方。要知道，一個自信獨立的女人是最吸引人的。

桃樂絲．狄克斯（Dorothy Dix）女士是美國研究婚姻不幸原因的專家。她宣稱在百分之五十以上的失敗婚姻中，讓昔日甜蜜的美夢消失的原因就是批評，過度干涉對方，並且試圖控制對方。她說：「跟人交往應當學習的第一件事，就是不可以干涉他人尋求快樂的方法。」

英國大政治家狄斯瑞利的婚姻是被後人稱頌的美滿婚姻之一。狄斯瑞利的夫人瑪麗安原是一個有錢的寡婦，既不年輕，又不漂亮，更不活躍，是個經過半世紀歲月的女人，比狄斯瑞利大十五歲。她的言論常會惹得人們訕笑不已，例如她說，「永遠弄不懂，是先有希臘人，還是先有羅馬人。」她對衣飾的品味尤其古怪，「標新立異」也不足以形容。

可是也有人說狄斯瑞利的夫人是個天才，尤其在對待男人、對待她丈夫的藝術上，她真是個偉大的天才。她從不讓自己的心思與丈夫意見相左。當狄斯瑞利工作了一天，精疲力竭地回到家裡時，她總立刻讓他能安靜休息。這個愉快日增的家庭裡，在太太相敬如賓的柔情中，丈夫得到了安閒休養心神的處所。他與年老的太太共處的時光，是他一生中最快樂的時候。

她是他的賢內助，他的知己，他的顧問，他每晚從眾議院匆匆趕回家，告訴她白天工作的一切。而且重要的是，凡是他努力去做的事，她從不認為他會失敗。

瑪麗安——這個五十歲再婚的寡婦，她完全為狄斯瑞利而活。經過三十年的歲月，她認為她的資產之所以有價值，是它可以使她丈夫的生活更安逸些。她所得到的回應，是她丈夫認為她是他心中的女英雄。

無論她在眾人面前表現得如何笨拙或魯莽，他從來都不會批評她。他在她面前，從來不說一句責備的話……遇到有人嘲笑她時，他總是立刻為她做強烈的辯護。瑪麗安並不完美，然而，三十年的婚姻中，她永遠不倦於談論她的丈夫，稱讚並欽佩他。她所收穫的又是什麼呢？狄斯瑞利自己說：「我們結婚三十年，我從來不曾因她而受到困擾。」

有人認為瑪麗安不知道歷史記載，她必定很呆笨、愚蠢。而狄斯瑞利卻認為，瑪麗安是他一生中最重要的存在。他曾對妻子開玩笑地說：「妳知道，我和妳結婚只是為了妳的錢嗎？」瑪麗安總笑著說：「是，如果你再一次向我求婚時，必然是因為你愛我，對不對？」狄斯瑞利承認她說的是事實。

瑪麗安並不完美，但狄斯瑞利卻儘量讓她自行其是。這樁酷似買賣的婚姻，為何成為值得稱頌的美滿婚姻之一，其原因就是雙方都成功地做一個獨立自主的人，而且彼此任其行事，從不批評對方。

26 欲語還羞，才是男人欲罷不能的姿態

改變私房話 26

害羞是女性吸引男人並增加情調的秘密武器，出現得適時而又恰如其分，便成媚態，是一種女性美。

徐志摩在《沙揚娜拉》中寫道：「最是那一低頭的溫柔，像一朵水蓮花不勝涼風的嬌羞，道一聲珍重，道一聲珍重，那一聲珍重裡有蜜甜的憂愁。沙揚娜拉！」全詩將女性的那抹羞澀描寫得淋漓盡致，引人無限遐想。

當伊甸園中，渾身赤身裸體的亞當和夏娃用一片樹葉遮蓋著身體時，標誌著人類像社會文明的發展。害羞是人類所特有的，尤其是女性，表現尤其明顯。這是人類最天然、最純真的感情。當女性臉上露出羞澀，對著情人欲語還休時，最是讓人心動。

傳統女性對某個男人有好感時，往往羞於表達。現在社會環境和以往相比，有了很大的改變。今天的女性勇於追求屬於自己的幸福，也是一種突破。恰當而得體的表達是爭取幸福的必要手段，但是表現得特別激烈，也會給對方造成一定的負擔，甚至望而止步。

羞色朦朧，魅力無窮。哲人康得曾經說：「羞怯是大自然的某種祕密，用來抑制放縱的慾望；它順其自然的召喚，但永遠同善、德行和諧一致。」羞怯之色猶如女性披在身上的一層神祕輕紗，平添增加了一份朦朧之美。

曖昧的矜持，適當的羞澀，能大大激發男性的征服慾。太容易獲得的往往不被珍惜，在戀愛的過程中，可以適當地給男人們一點阻力。真正愛著妳的人，不會因此而退縮，而是會一直保持積極前進的狀態，有一種想要瞭解妳的渴望。但是也不能一味地拒絕對方，適當吐露心聲，讓男人偶爾有「被電到」的感覺。聰明的女人知道在什麼時候、以何種理由去接觸男性，讓對方留下印象，並為以後的接觸打下基礎。

害羞是女性吸引男人並增加情調的祕密武器，出現得適時而又恰如其分，便成媚態，是一種女性美。天真的臉上泛起少女的紅暈，沒有哪個年輕男孩不動心，但是如果過度表現「羞色」，則會讓人產生反感。

羞色是愛情的顏色，情竇初開的少女，年輕臉龐上的那一縷羞色，傳遞的是青春的色彩，是一種情感傳遞的特殊語言。在她們的心中，已經有了朦朧的愛情觀，但是因為毫無經驗，即使接觸到自己喜歡的人，也不敢去追求。在她們的心中，幸福還是個未知數，只是一個很美好的夢。她們不敢也不明白怎樣去表達自己的愛慕之情，因此，每當和自己喜歡的人單獨相處時，經常表現為不知所措地低著頭。

剛剛進入社會的女性，還保持著最初的夢想。有了一定社會經驗和戀愛經驗的女性，對愛情和幸福的定義也有了比較清晰的認識。她們清楚知道自己需要什麼樣的男人，需要怎樣的幸福生活。

這個階段的女性有比較明確的目標，但也是功利心最強時。有了功利這個前提，往往只會看到金錢的光環，迫不及待地利用女性的魅力來吸引男人。過度表現羞色，只會讓人覺得虛假，反而讓人避之不及。即使成功，也是因為這個男人貪圖女人的美色和身體。依靠這種手段得來的愛情和幸福也不完美，早已打了折扣。

真正的幸福需要用心去體會，相信自己內心的感覺，用真誠的心去看待周圍的人和事情，才能擁有真正的幸福。

在社會上打拚了一段時間後，女性的心態慢慢成熟，明白自己已經沒有多少沉溺於浪漫的本錢。這個階段的女性雖仍然年輕，但是已經變得比較現實，大多想找個老實本分的男人，和自己共同組織一個溫馨的小家庭。

這類女性，往往不再將視線放在男人的相貌上，而是先考慮男人的人品和其工作是否穩定。她們的思路非常清晰、目標明確，清楚地知道自己想要的是什麼。此階段的女性，成熟的思想和得體大方的行為舉止，讓女性魅力和睿智在自然中暴露無疑。

在與男性交往的過程中，採用以下方法，欲語還羞，最能撩撥起男性內心的慾望。

❶無論何時何地，都不能太過主動。即使在約會時，也不能主動表現得太過親暱。約會時，儘量保持端正的姿勢，躺、倒等姿勢都不適合，否則只會讓自己處於一種被動的淪陷的狀態。

即使是對方想要有進一步的舉動，例如牽手、擁抱、接吻，適時地掙脫他的懷抱，順便幫他整理一下衣領，即使衣服原本就很整齊，也要虛晃一槍，表現自己的剛柔並濟。

接吻時表現適度的猶豫，尤其是法式熱吻，能不給吻就別吻，但還是要安慰一下，蜻蜓點水地吻一下對方的臉，點到即止。

❷保持若即若離，給男人一種神祕的感覺。在一起約會時，除了電影院、咖啡館等光線較暗的地方，嘗試約對方去音樂廳、展覽館之類的地方，心靈的溝通比語言的溝通更有意義。

不必將所有的事情都和對方講，即使在熱戀中，也要保持自己的個性和原則。太過依賴別人，人云亦云，久而久之，只會讓人厭煩。

在約會時偶爾遲遲到，但是不要養成習慣，而且遲到的時間不宜太長，五到十分鐘最佳。到了以後，一定要及時表明自己的歉意。知道是對方打來的電話，要等鈴聲響了至少三遍以後才能接聽，表現出自己的耐心，即使妳非常想聽到他的聲音。

隨時準備一些口香糖，當他對妳提出過分要求時，給他塞一片，調皮卻又不失尊嚴。永遠記住說一句話：「對不起，現在還不是時候。」讓自己的步伐永遠落後於男人之後，珍惜自己，才能讓別人珍惜自己。

❸用某些小手段增加生活的樂趣。生活裡不僅只有甜蜜，也有別的滋味，偶爾不講理，撒嬌埋怨，最後負氣離開，讓男人不自覺想要呵護自己。天氣冷時，將冰冷的小手塞進他的手裡或衣服口袋裡取暖，但是記得是上半身，而不是下半身，因為男人的下半身容易熱情升溫。

無論什麼時候，都要關心他，不僅只是陪他玩，關鍵是關心他的事業、工作、身體等，用自己的心去愛護他。穿著套裝和對方見面，用衣服傳達出另一種資訊：我也有自己的事業，我們是平等的。這樣，能讓男人見識到妳的另一面，帶來不一樣的新鮮感。

「紅顏知己」是指能夠理解某個男人的女人，一般是指那些漂亮的女性。這個「紅」不僅指臉部的紅潤，更重要的是指難以掩飾的羞色之「紅」。正如一位作家所說：「女子的心在羞恥上運用了一大半，一個女子的臉紅勝過一大堆情話。」時刻保持自尊自愛之心，在不經意間展露風情，最是讓男人欲罷不能。

27 瞭解婚姻是享受幸福的前提

改變私房話 27

在這個世界上，
從來沒有量身定做的婚姻，
保持對婚姻的寬容度，
才能不會為男人的缺點或婚姻的不圓滿而煩惱。

愛是生命中不可以缺少的東西，婚姻則是愛的結果，是大多數人都要經歷的人生階段。「男怕入錯行，女怕嫁錯郎」，對許多女性來說，婚姻是歸宿，是一生的依靠。聰明的女性懂得充分瞭解婚姻，並享受婚姻帶給自己的快樂和幸福。

在一段婚姻裡，首先要學會的是愛自己。每個人在出生時，都是父母掌心裡呵護的寶貝。接著，長大後的女性，會成為另一個男人手中的寶。從父母之愛，到丈夫之愛，很多女性天真地以為，這個世界只要有他愛妳，就是圓滿的。然而誰也無法保證婚姻可以無風無雨，如果有一天他在外面有了別的女人，或對妳說：「對不起，我不愛妳了。」那麼，妳會發現自己的世界轟然倒塌，一片灰暗。

愛自己，才能愛別人。愛自己也就是自愛，真正的自愛，是建立在對自己感受的清醒認識上，這不僅需要勇氣，更需要絕對的誠實。自愛的女性，會時時傾聽自己的內心感受，選擇自己最想要的，不曲意承歡，也不會因為顧忌旁人的眼光而刻意壓抑自己。只有用這樣的態度愛自己，才能真正瞭解愛的意義，才有資格去愛別人。

努力讓自己吃好、睡好，保持身體健康和心靈愉悅，只有一個身心健康的人才能去愛別人並被人所愛。愛自己並不是孤芳自賞，而是接受真實的自己，包括自己的優點和缺點，並時時激勵自己開發深藏的潛力。

愛自己不是自我放縱，暴飲暴食、無所事事、生活習慣不規律等等都不是愛自己的方式。這些行為都是在虐待自己的身體，跟自己過不去，更是對自己的不尊重。愛自己最重要的是認真過好每一天，全力以赴地做好每一件事。

愛自己是一種責任，就像愛妳自己的家人和朋友一樣。不愛自己的女人其實是不負責任的，不僅是對自己不負責，也是對他人不負責。愛自己是自然而然的事，就像妳要吃飯睡覺一樣。作家張曉風有篇非常美的文字，叫〈愛我少一點，我請求妳〉。裡面有很多經典的句子，例如：「愛我少一點，去愛一首歌好嗎？因為那旋律是我；去愛一幅畫，因為那流溢的色彩是我；去愛一方印章，我深信那老拙的刻痕是我；去品嘗一壇佳釀，因為壇底的醉意是我；去珍惜一幅編織，那其間的糾結是我；去欣賞舞蹈和書法吧——不管是舞者把自己揮灑成行草篆隸，或是寸管把自己飛舞成騰躍旋挫，那其間的狂喜和收斂都是我。」

愛自己，就會不斷加強自己內心的修養，保持內心的純淨，不會以祈求的姿態來等待愛的來臨。愛自己，就會珍惜自己的心情，珍惜自己現在所擁有的一切。愛自己，就會時常注意自己的外表，總是把自己打扮得光鮮亮麗。

其次，女性必須承認婚姻的不完美。在這個世界上，從來沒有量身訂做的婚姻，保持對婚姻的寬容，才能不會為男人的缺點或婚姻的不圓滿而煩惱。婚姻專家說，期望在婚姻心理學中是一種負面能量。當女性對一個人或一段婚姻有所期望時，便很容易感受到達不到期望的挫敗感。任何期望都注定了女性會從對方身上得到負面的經驗，並由此產生種種焦慮、困惑或痛苦。每個在婚姻裡的女子都能體會，當我們充滿期待時，結果往往只有失落。我們發現男人總是不能按自己喜歡的模式行事，妳要他親妳一下，他不耐煩地說肉麻，妳要他抱妳一會，他說沒空，妳眼巴巴地問他：「老公你愛我嗎？」他說：「都老夫老妻了，妳煩不煩啊？」女人細膩感性，偏好浪漫的特性注定在男人的木訥愚笨面前節節敗退。

著名學者張中行先生把婚姻分為四個等級：可意，可過，可忍，不可忍。他坦言自己對婚姻並不樂觀，並毫不諱言自己的婚姻大部分可過，小部分可忍。

美國一位婚姻問題專家寫了一本《幸福的婚姻法則》的書，找了婚姻維持七十八年的一對夫婦為書籍代言。現年一〇二歲的丈夫蘭迪斯與一〇一歲的妻子格溫維持婚姻的祕訣竟然是：「在這個世界上，即使是最美滿的婚姻，一生中也會有兩百次離婚的念頭和五十次掐死對方的想法」，此話令人跌破眼鏡，卻意味深長。

拋棄理想中的美好，拋棄電視劇裡那些浪漫鏡頭，有助於我們能更清楚地看待婚姻，理解婚姻的本質。因為我們已經懂得婚姻的不完美，更應該對婚姻持一種寬容的態度。在婚姻裡承擔起自己的責任，用樂觀、平和的心態來面對婚姻。適度調節自己的情緒，委婉表達自己的要求，彼此多理解和寬容，這是夫妻間保持和諧的相處之道。

成功婚姻的祕密究竟是什麼呢？婚姻專家為我們指點迷津，提出了以下的幸福法則。

浪漫的愛情不一定能產生美滿的婚姻。墜入情網的愛人山盟海誓，決定相守相伴一生。這是所有女性夢寐以求的事情，並且希望婚姻是浪漫愛情的延續。然而，生活的瑣碎取代了綺麗的夢幻，許多女人會產生上當受騙的感覺。事實上，許多人忽視了一個事實：如果兩個人之間不以共同的興趣和價值觀做為基礎，熱烈的愛情只會是曇花一現。已經走進婚姻殿堂的夫妻要互相接受、互相理解，雙方就必須建立一個行動、習慣和經驗的「共同支柱」，放棄不切實際的幻想。

幸福婚姻是創造出來的。愛情讓人身不由己，婚姻卻是掌握在自己的手中。當婚姻發生裂痕時，雙方由於害怕受到傷害，總是習慣將自己隱藏在假面具之下。但是有著良好婚姻的夫妻明白，暴風雨過後，愛情會重新降臨，只要認識到這一點，夫妻雙方就會克服危機而不使婚姻破裂。

婚姻的品質取決於雙方在順境和逆境中對待彼此的方法，愛不是靜止的，會隨著時間的推移有增有減。婚姻幸福的夫妻懂得，愛情的生命力在於自己的意識，他們是尋求愛情的積極參與者。

愛是接受和寬容，不是責怪。許多女人愚蠢地以為愛是重塑他人的權利，她們試圖用自己的方法抹去對方身上的缺點，不惜以傷害對方為代價。真正幸福的夫妻懂得，愛包括接受對方的瑕疵。

進入婚姻的女人，經常把丈夫當做抱怨的對象，將不幸的根源歸結為對方。她甚至忘記了，當初對方的那些缺點在自己的眼中不足掛齒，也許正是吸引自己的原因。誰都明白，找出對方的缺點比檢查自己如何造成不幸更容易。這樣的抱怨不僅不公正，而且會讓自己更加不幸，因為它會降低丈夫對愛情的熱度。

婚姻生活並非一帆風順，吵架、拌嘴都是婚姻中正常的現象。愛情若要長久，夫妻雙方必須學會原諒。逃避地把傷害和失望擱置一旁或置之腦後，都是不是真正的原諒。原諒是對怒氣和傷害的放棄，寬容是愛情火花重新燃燒中必不可少的氧氣。

只有瞭解了以上愛情法則，女性才能把握住屬於自己的幸福，享受屬於自己的美滿婚姻。

28 為愛情保鮮，不做婚姻裡的黃臉婆

改變私房話 28

愛情的饑渴並不是女性專有的疾病，男人也會罹患這種病的。

愛是婚姻的糧食，缺少了愛，婚姻也會缺乏營養。如果沒有愛，婚姻之花將會凋謝，失去存在的理由。然而，當令人眩暈的激情之愛退去原有的色彩後，平淡瑣碎的生活往往很容易將原有的愛掩蓋，因此，七年之癢成了許多人過不去的試煉。

經常為愛情保鮮，讓婚姻之花開得更豔麗，才會讓婚姻長久幸福。**曾經有人把夫妻間對愛情的冷淡叫做「精神糧食不足」，每天只吃相同的糧食，再美味也會令人生厭，偶爾變換點花樣，能重新喚醒人的味蕾。**女人給丈夫的愛，是丈夫取得成功的基本因素。因為，如果妳真心愛他，就會心甘情願地盡妳的能力去做每一件事情，使他快樂或成功。美國家庭關係協會會長

保羅博士在全國教師家長聯誼會上講演說：「教師家長聯誼會，如果願意在年會裡完全不談小孩子的事情，而討論如何使丈夫和妻子更加相愛，也許對小孩子的幸福會有更大的貢獻！」

針對一千五百對已婚夫婦進行研究後，婚姻專家發現，男人普遍認為造成夫妻不合的最主要原因是妻子的嘮叨、挑剔，第二大原因是不知如何表現愛情。因為這兩條，許多男性表示，女人在婚前是自己的愛人，婚後卻變成了自己的老媽。如同女性渴望獲得男性的讚美一樣，男性也渴望得到女性的崇拜及讚揚。對婚姻關係最具影響力的美國兩性專欄作家桃樂絲．狄克斯說道：「妻子們總是抱怨，說她們的丈夫把自己的存在看做理所當然，從來就不讚美她們，或注意她們身上所穿的衣服，或是給她們任何在外表看得出來的愛的表示。但是，這些女人對待她們丈夫的態度也同樣冷淡。而後，她們才感覺奇怪，為什麼自己的丈夫會追求那些懂得稱讚他們英俊、雄偉、健壯的淑女。愛情的饑渴並不是女性專有的疾病，男人也會罹患這種病的」。在婚姻生活裡，恰當地表示對丈夫的愛慕之情，是為婚姻保鮮的第一招。

為婚姻保鮮的第二要招是夫妻雙方的「相互信任」。曾經看一部電視劇，男主角對女主角說：「我會給妳絕對的信任。」我一直認為，這是夫妻雙方愛情最誠摯的表現。相互猜忌可以讓愛情灰飛煙滅，猜忌也可以讓原本相愛的人形同陌路。

互相信任的基礎是加強夫妻之間的交流。交流是維護愛情關係的最基本方式，成功婚姻中的妻子和丈夫喜歡待在一起，談天說地。在一段幸福的婚姻裡，女人總是恰如其分地向丈夫傳達自己的想法和感覺。當他工作表現出色時，她會真誠地祝賀他；當他工作遇到挫折時，她會溫柔地鼓勵他重新振作；當他高興時，她會自然地表達自己同樣快樂的想法；當他情緒低落或被人誤解時，她會在他身邊安慰他。久而久之，男人也會自然的將心理所有想法告訴妻子，而不是別的女人。

為婚姻保鮮的第三要招是「體諒」。丈夫工作了一天，身心疲憊，懂得體諒的妻子不會用一些瑣事來增加丈夫的煩惱。具有深摯愛心的妻子，知道應該先瞭解丈夫的需要，再盤算自己的需要。這並不意味著無條件付出，而是以理解為前提，再來衡量雙方的需求。

因為體諒，所以理解，所以寬容。懂得體諒的女性不會糾結於「當你的母親和老婆同時落水了，你會先救誰」之類的無聊問題，因為她深深懂得連自己的母親都不愛的人，也沒有能力去愛別人。愛是給予，是婚姻生活中雙方毫無保留地付出。有些妻子願意在許多事情上犧牲，卻常常缺乏在一些小事上的慷慨，例如，嫉妒丈夫以前的女朋友。丈夫和前女友偶然在街上相遇，因為他們多說幾句話就因此小題大做的女性，讓人覺得缺乏肚量。體諒一詞中隱含的是熱情和力量，代表能安慰一顆受傷的心，是治療心靈創傷的一劑良藥，使妳與他重新回到那充滿柔情蜜意的歲月。

為婚姻保鮮的第四招是「性愛」。一位丈夫說：「性不是婚姻的一切，但它是很大的部分。」傳統女性似乎羞於談身體的親近，但是肌膚之愛是正常健康生活中所必需的。

一部反映丈夫出軌的電影中，妻子問丈夫：「你愛她嗎？」丈夫猶豫片刻，堅定地回答：「愛。」妻子問：「那妳還愛我嗎？」丈夫回答說：「愛，但那不一樣。妳好像已經成為我身體的一部分，當我摸妳的手時，就好像左手摸右手。可是，我對她，是愛情。」愛情變為親情，意味著維繫婚姻關係的基礎隨之消失。愛情不單是溫存的話語、體貼、關愛，當激情被愛火點燃後，便是靈與肉的結合、身與心的交流——性愛。性愛在人類的生命中，扮演相當重要的角色，男女間幸福的裂痕，許多是由性生活的不和諧引起的。

感情的緘默，需要溫柔的撫摸和親吻，只有「性福」才能獲得真正的幸福。其實，打造性福並不難，女性不妨從以下幾個方面入手學習性福的絕招。

首先是改善撫摸技巧。撫摸是增進雙方感情的第一步，許多夫婦認為情深意濃地撫摸對方，是一件很彆扭的事情。恰恰相反，改善撫摸技巧，能夠使做愛達到很好的效果。在平時生活中養成撫摸對方的習慣，例如逛街時握著他的手；一起看電視時，用手指輕掃他的上臂，並不時相互親吻。不要拒絕對方的擁抱，男性喜歡主動觸摸妻子，多過對方觸摸自己。男人的擁抱意味著他對妳有興趣，過多的拒絕會降低這種興趣值。

夫妻雙方的生活經常會被工作、孩子、娛樂等活動所佔據。許多夫妻表示沒有時間做愛，而性學專家卻指出，夫婦缺乏一同上床而不受干擾的非睡眠時間，可能是個大問題，主要是夫婦並未充分恰當地善用時間。在繁忙的生活中，抽出十分鐘進行一次快速的性愛，不僅可以挖掘丈夫的激情，也能帶來全新的感受。事實上，不少夫婦十分讚賞急速的性愛所帶來的刺激，還可製造專屬二人祕密的感覺，特別是在親友前來小聚前進行。

在性愛過程中，千篇一律的過程和姿勢只會讓人厭煩，有些夫妻甚至將其當做一個任務來完成。試著拓展做愛的空間，嘗試變換不同的姿勢，會讓雙方都獲得新鮮感。

假如床鋪是兩人做愛的唯一地點，可以嘗試在廚房、餐廳及其他的房間來進行，甚至也可以在沙發、搖椅上體會更深一層的性愛境界。花些時間，列出一份具有啟發性的性愛菜單，嘗試新的性愛技巧。

最後，可以嘗試計畫性愛旅程。有些人喜歡在郊外進行瘋狂的性愛，享受全新的刺激感。如果妻子比較傳統，不能接受這種做法，也可以計畫一個相對保守而又從未嘗試過的旅行。在旅程中，給丈夫一個出其不意的驚喜，讓他充分享受這個旅程。

性愛能夠滋養女性，使她煥發出不一樣的光采。在夫妻共同的生活中，如果能維持美滿的性生活，許多導致婚姻不協調的小插曲，也會隨之消散的。

29 爭吵有度，和好有方

改變私房話 29

吵架的主要原因是對對方有所期盼，許多爭執往往只是源於一些雞毛蒜皮的小事。

夫妻是天下最親密的人，也是最容易互相傷害的人。在這個世界上，幾乎沒有不吵架的夫妻，可能是對孩子的教育有不同觀點，也可能是一點小事所引發，許多婚姻的破裂正起源於吵架。然而，也不能一概而論，有些夫妻的感情會在吵架中逐漸升溫。

夫妻吵架是正常現象，「夫妻」是由兩個獨立的人組合而成。在結婚之前，夫妻雙方都有自己的工作和生活圈，在平常的生活中也總會因為各種瑣事鬧點小彆扭。小吵小鬧從另一個角度來看是情趣，處理得當可以增加夫妻之間的感情。可是一旦過度，就容易傷害彼此的心，到時後悔也來不及了。

夫妻吵架往往是為了一些生活瑣事。正如一句老話說的「相愛容易，相處難」；因為相愛只要短時間的火花，相處卻是長期生活在一起。等相愛時燃燒的熱情慢慢冷卻，取而代之的是生活中的柴米油鹽時，矛盾隨之而來。懂得把握幸福的夫妻，在很短的時間裡就會和好如初，「夫妻吵架，床頭吵床尾和」，說的就是這個道理。

夫妻之間坦誠的爭吵也是一種健康的溝通方式，可以使夫妻彼此協調，更加瞭解彼此的差異。爭吵對於愛情、婚姻而言並不是一件可怕的事情，有些夫妻經過爭吵後，對彼此的瞭解更深，因而愛戀會更濃。問題是夫妻爭吵要有「度」。

首先，任何的爭吵都儘量做到對事不對人，不要做人身攻擊，更不要牽涉到對方的家庭。住在隔壁的鄰居，每次夫妻吵架，男方都會問候對方長輩，周圍的人聽到了都忍不住皺眉。

很多時候，夫妻吵架只是因為一點小事情，因為雙方僵持不下，就開始相互進行人身攻擊。甚至在爭吵的過程中翻舊帳，一發不可收拾，最後雙方想收手都很難。事實上，很多問題都是芝麻綠豆般的小事情，完全可以心平氣和的討論。

有很多夫妻吵架是亂吵一通，尤其是女人，理性不足，感性有餘，喜歡翻出陳年舊帳，把昨天的某件事情當做今天的炸藥。如果能把爭吵集中在眼前的問題上，事情就好辦多了。所以夫妻爭吵必須就事論事，一旦發現對方有擴大事端的傾向，則立即叫停。

如果已經吵起來了，在吵架過程中，應儘量避免當著長輩和孩子的面。老人家年紀大了，不能受太大的刺激；孩子年紀尚小，會讓他們的心理留下陰影，對孩子的成長不利。

其次，在吵架的過程中，無論多麼激烈，都不要輕易分居或分床睡覺，更不能隨意說出分手、離婚之類的負氣話，甚至離家出走。夫妻沒有隔夜仇，一旦分開了，只會增加夫妻之間的隔閡，吵架就會升級，到時再去彌補就要花更大的力氣。夫妻吵架時，先妥協的往往是丈夫，但是妻子必須要給丈夫一個台階下。否則，造成無法挽回的局面，最難受的也是女人。

最後，夫妻之間的吵架應該控制在家庭之內，避免蔓延到家庭之外。在外面的爭吵，常常會招引許多觀眾，到時候誰也下不了臺。夫妻雙方鬥得你死我活，底下的觀眾卻看得津津有味，並成為茶餘飯後的話題。

夫妻吵架是一個經久不衰的課題，無論什麼樣的情侶，一旦步入了婚姻的殿堂，開始過起平凡的小日子時，爭吵也就會像影子一樣伴隨在婚姻生活中。吵架不可怕，最重要的是學會怎樣處理善後。

有的夫妻在吵架之後，雙方冷戰，誰也不理誰，視對方不存在。尤其是很多女人，哪怕心裡明白這件事是自己錯了，也不會輕易讓步來求得夫妻之間的和平。整天繃著一張昔日可人的小臉蛋，擺出一副拒人於千里之外的樣子來。聰明的女性不會選擇這樣的方式來解決吵完架的善後問題，她們會理性地運用方法，有效地化解矛盾。**爭吵後能夠主動打破僵局，給對方臺階下，求得和解是夫妻爭吵中不可缺少的一環。爭吵不可怕，可怕的是爭吵過後不知道怎樣善後。**

最好的善後方法是熱處理。夫妻吵架大都是因為小事，如果真有某種深仇大恨，就不會吵架，而是採用其他方式來解決了。一般來說，吵架的主要原因是對對方有所期盼，因此吵架大多只是為了某些小小的原因。所以，一旦吵過後，可以利用一句玩笑話或輕鬆的方式來和好。

小雲和丈夫在結婚之初，像許多夫妻一樣喜歡吵架，但在吵架過後，他們通常用某些身體信號來當場化解衝突。她說：「有時候，我們爆發激烈的爭吵，兩人都覺得非常受傷。這時候迫切需要透過和對方身體接觸來證明他還是需要我的，他還是深深愛著我的。通常的情況是，在我傷心哭泣時，丈夫會拉拉我的手、把我攬入懷中或一個熱吻，彷彿想忘記剛才的一切不愉快，很快我們又和好如初了。」

在吵架的當下，如果沒有及時熱處理，也可以經過冷靜的思考，採取迂迴的方式來緩解吵架所產生的矛盾。夫妻吵架後，各自冷靜地思考一番，如果確實是自己錯了，要虛心檢討；如果認為自己是對的，也不要過於固執，要有「有理讓三分」的氣魄，畢竟夫妻沒有隔夜仇。

曉風是個做菜高手，每次和丈夫吵完架後，等心情冷靜下來，她就會用心做一頓好菜。通常吃完飯後，雙方就能和好。也可以邀請雙方的好朋友到家裡來，藉此緩和家庭緊張的氣氛，解決矛盾。除此以外，利用打電話或發簡訊也是不錯的方式，還避免了吵架後見面的尷尬。

有一對夫妻，經常為小事情爭吵，雙方都覺得非常疲倦。妻子與丈夫商量，擬定了一份愛情公約，包括以下幾條：一、夫妻之間凡事要互相忍耐；二、如果意見不同想要大聲說話時，先離開一會兒；三、夫妻要以誠相待；四、經常向對方表達愛意；五、如果一方不快樂，另一方要想法幫助對方忘掉不快樂的事；六、每天晚上睡覺之前，要彼此檢討當天的事，並一起計晝明天的事。他們這樣做了以後，生活變得比以前和諧多了。

一對夫妻決定離婚，妻子說離婚的原因是彼此連爭吵的意願都沒有。由此可見，適度的爭吵有助於夫妻雙方的婚姻生活。睿智的女性善於把握吵架的寸度，並能夠及時化解吵架後的矛盾，創造屬於自己的幸福生活。

30 崇拜他、鼓勵他，直到他成功

改變私房話 30

在男人的一生中，
最牽掛、最離不開的人不是已步入老年的父母，
也不是年幼無知的孩子，
而是那個用一生來陪伴他的女人——自己的妻子。

每個成功的男人背後都有一個支持他的女人。幾乎所有的男人都渴望獲得事業上的成功，得到社會的承認。但是，許多男人雖然有遠大的志向，但是對自己的能力沒有正確的認知，也看不到將來的發展，由此畏首畏尾，失去了獲得成功的機會。

實際上，所有男人都希望得到女人的崇拜。這種崇拜不是表面的恭維或獻媚，而是發自內心的佩服。妻子的崇拜會引發男人的滿足感和被人認可的成就感。妻子對丈夫的鼓勵會讓丈夫

重拾自信，勇於面對一切困難。自信是一個人對自己的肯定，有自信的人做事情有足夠的勇氣，敢於挑戰更高的目標，取得成就。如果缺乏自信，即使他的能力很強，因為不瞭解自己所具有的能力，不能肯定自己，也就不會去迎接挑戰，更不要說獲得成功。因此，自信可說是成功的前提和必備的要素，男人尤其如此。對男人來說，最需要的是來自妻子的信任和鼓勵。

心理學上有一個著名的「畢馬龍效應」（Pygmalion Effect）：如果一個人被積極地期待，被他人認為表現得非常好，那麼他就會更努力地朝著別人的期望轉變。聰明的女人善於利用這種心理，當丈夫缺少自信時，她會鼓勵他，表現出強烈的信任和崇拜。這種崇拜中包含著讚美、欣賞、依賴、尊重和安全感，這些是讓男人們積極認識自我、振奮精神的強大動力。

當丈夫總是得到妻子的尊重和推崇，他會激發出更多的能量，能夠完成一些看起來不可能完成的任務。反之，沒有人能夠在批評聲中保持自信，只會一直消沉下去，甚至無法面對看起來非常簡單的事情。

在現實生活中，經常看到這樣的現象。兩個女人在一起聊天，當談到各自的老公時，一個女人說：「我這輩子算是毀了。嫁給一個無能的老公，要什麼沒有什麼，唉！」而另一個女人在談論自己的老公時，則眉飛色舞、滔滔不絕，滿臉的幸福。我們完全可以想像，一直被奚落的丈夫，心理必然產生巨大的壓力，更不要說達到自己的理想狀態。

聰明的女人懂得這個道理，面對不夠自信的丈夫，不僅不會去否定他，還會表現出對丈夫的崇拜，讓丈夫感覺到妻子對他的推崇和景仰，從而保持自信和銳氣。成功男人的背後一定有一位懂得幫他創造成功條件的好女人，一個溫柔、體貼且善解人意的好女人，對男人來說，能娶到這樣一位好女人當老婆，是一生的無價資產。

福特公司的創始人亨利．福特先生年輕時，只是密西根底特律電燈公司的一名技工，每天工作十小時以後，還會去一個舊工棚裡繼續工作。他一直有個夢想，就是想為馬車研究出一種新的引擎。在當時，除了他的妻子以外，所有人都在嘲笑他。

因為妻子的支持，亨利從來沒有放棄自己的夢想。白天的工作結束後，福特太太甚至提著煤油燈幫助丈夫照明。寒冷的氣候中，她的雙手被凍成了紫色，但她堅信丈夫總有一天會成功。她被亨利先生親切地稱為「信徒」。

一八九三年，鄰居們被一串奇怪的聲音吸引到視窗，看到亨利．福特和他的妻子正坐在一輛沒有馬的馬車上。那輛車子搖搖晃晃地，居然可以拐個彎又駛回來！

那天晚上，一個對國家影響巨大的新工業就這樣誕生了。福特先生在五十年後接受訪問時，遇到這樣一個提問：「如果有來世，您希望變成什麼？」他回答：「什麼都無所謂，只要能夠和我太太在一起生活。」

然而在現實生活中，很多女性朋友不明白其中的道理，不懂得去全心支持和愛護自己的丈夫。當厄運來臨時，這樣的女人會用刻薄的言語和行為，挫減男人原本就已消耗殆盡的銳氣。這種女人對男人的身心折磨，使得男人直不起腰桿來，甚至會一蹶不振。如果女人對自己心愛的丈夫說：「這麼點小事情，不必放在心上。這樣的事情擊不倒我的男人，我相信你一定行！」那麼事情的發展就會大大不同了。

一般來說，**自信心強的女人會給予丈夫極大的信任，會用一種特殊的視角來審視自己的丈夫，看到他們身上別人所看不到的特質**。因為她不僅用眼睛去看，也用內心的愛去看。

在生活中儘量多給丈夫一些真誠的讚美。丈夫所做的每一件事情，她們總能從中找到亮點。例如丈夫做了一頓飯，她會誇讚說：「老公，你的手藝真不錯，餐廳大廚也不過如此。」即使飯菜難以下嚥，她也會說：「老公，你的手藝進步不少哦，比上次好吃多了。」真誠地讚美男人會產生積極的影響。應適時地讚美他，讓他感覺到自己是成功人士，他的一言一行就會是成功人士的標準言行。

人的優點和缺點是共存的，如果只看著他的缺點過日子，無疑是一種折磨。在生活中，女人應當多注意自己丈夫的優點，並適時地給予讚賞，日子一定會過得更美滿。

時刻表現出對丈夫的關懷和尊敬。當對丈夫的做法提出質疑時，也儘量用商量的語氣問：「你看怎麼樣？」或「我認為這樣做或許更好，你覺得呢？」這樣，丈夫就會認為獲得了足夠的尊重。這些都是夫妻日常交談中最平常的話語，卻會使老公更加感激妳對他的尊敬和關懷。

利用含蓄的說法巧妙地幫助老公改變自己的做法和想法。如果妻子對丈夫的某些壞習慣非常不滿，如果不留情面的直接指出來，只會讓老公覺得非常反感。如果採用打趣的說法，會取得事半功倍的效果。

愛情的言語就像水彩畫一般朦朧，愈不清晰就愈有神祕的色彩，也就愈有藝術的吸引。這話恰好就是含蓄的注解。如果適當地提供暗示，給老公一些想像的餘地，相信老公一定會善識妳的用意，與妳進行實質而良好的互動。

其實在男人的一生中，最牽掛、最離不開的人，不是已步入老年的父母，也不是年幼無知的孩子，而是那個用一生來陪伴他的女人——自己的妻子。在男人的心裡，父母和孩子只是贍養或撫養的對象，是男人的義務和責任。而那個相濡以沫的女人才是他一生的最愛，是那個女人讓他鼓起勇氣面對一切，給了他面對挫折的信心。

約翰是一位傑出的橋牌高手，在當地很有名氣。其實約翰剛到美國時，不論做什麼事都以失敗告終，甚至自己都覺得自己是一位最差的橋牌選手。但是，當他娶了一位美麗迷人的橋牌老師後，他的運氣開始好轉了。她透過讚賞和激勵，使約翰相信自己是一個很有潛力的橋牌天才。在太太的鼓勵下，約翰終於下定決心選擇橋牌做為自己的終身職業，並透過努力終於取得了成功。

所以，對男人而言，遇到一個好女人是一生的幸運。若遇到一個不把男人放在心裡的女人，即使這個男人再有能力、再有拚搏的意志，也會變得一無是處，這無疑是男人一生的不幸！

31 多聽少說，當一朵溫柔解語花

改變私房話31

現代社會是一個喜歡表達自己個性和想法的時代，學會傾聽尤其可貴。

有人說，結婚以前，男人是個語言家，面對女人總是無話不說；結婚以後，男人是個思想家，面對女人總是一言不發。女人的情況正好與男人相反。

女人愛嘮叨，彷彿天性。幾乎每個人成長的過程中，都伴隨著媽媽的嘮叨。每天，我們都要面對很多錯綜複雜的事情，這些客觀的事物反映在腦海中，有苦、有樂、有喜、有悲。嘮叨便是發洩那些不滿情緒的最好方式。心理學家宣稱，愛嘮叨一般源於內心的不安全感，總覺得事事不放心。尤其是有完美主義情結的人，由於強迫型人格傾向，對細節要求比較高，透過不斷的口頭語言來表達自己的不滿。

然而，**女人過度的嘮叨是美滿家庭的腐蝕劑，是破壞家庭安定、損傷夫妻感情的罪魁禍首。**調查表明，將近一半以上的婚姻之所以得不到幸福，最關鍵的原因之一就是那些永無休止的嘮叨。

卡內基（Dale Carnegie）在他的著作《人性的弱點》中說過：「嘮叨是愛情的墳墓。」但是，很多女人並沒有意識到這一點，甚至認為自己的嘮叨是對對方的愛，以為嘮叨可以改變丈夫的缺點。美國兩性專欄作家桃樂絲·狄克斯認為：「男人的婚姻生活是否幸福和他太太的脾氣性格息息相關。如果她脾氣急躁又嘮叨，沒完沒了地挑剔，那麼即便她擁有普天下的其他美德也都等於零。」

蘇格拉底的妻子贊西佩（Xanthippe）是出了名的悍婦，為了躲避她，蘇格拉底大部分的時間都躲在雅典的樹下沉思哲理；法國皇帝拿破崙三世、美國總統亞伯拉罕·林肯都受盡了妻子的嘮叨之苦。而凱薩大帝之所以和他的第二任妻子離婚，是因為他實在不能忍受她終日喋喋不休的嘮叨。

女人愛嘮叨，正是其一種樂於表現自己、凸顯自己的原始天性流露。但是嘮叨過多的結局往往會事與願違，越想透過嘮叨來解決問題，越想透過嘮叨來提醒老公要注意，就越容易使老公反感。那麼，女人該如何克制嘮叨，讓家庭的生活環境變得更加愉悅和溫馨呢？

首先，不要一直重複相同的話語。如果妳一直提醒丈夫去做某件事情，而他還沒有去做時，那麼有可能他正在忙於別的事情，或是他對此事已經有所打算。那麼，妳就不要一再重複剛才所說的話，反覆的嘮叨只會引起人的叛逆心理，甚至下定決心絕不屈服。

其次，冷靜對待生活中不愉快的事情。不愉快的事情是最容易讓女性嘮叨的話題，在不厭其煩地訴說中，有助於驅趕女性的不快和鬱悶。但是，如果妳的丈夫心情也不好時，嘮叨只會引起不必要的爭吵。想辦法控制自己的情緒，或以其他的方式來排解。等到雙方都冷靜下來時，再拿出來討論。

接著，用溫和的方式解決問題。許多男人都吃軟不吃硬，一味的嘮叨，強迫對方接受自己的觀點，只會得到相反的結果。如果妳看中了一件漂亮的衣服，價格比較昂貴，可以採用撒嬌的方式，溫言軟語的跟老公訴說那件服裝的動人之處，並且描述在自己身上穿著的效果。幾乎沒有幾個男人能夠抵擋得住女人柔情攻擊。所以，採用溫和的方式能夠幫妳快速的實現自己的目的。

最後，培養自己的幽默感。用幽默的話語來對待生活中發生的事情，會讓家庭的氣氛變得更好。生活中，很多事情是沒有必要生氣的。常見有些女人為了不值一提的小事緊繃著臉，將原本美好的事情變成了彼此不得不的職責。不如培養自己的幽默感，會讓妳每天都保持心情的舒暢。

婚前，兩人都是對方手心裡的寶，小心翼翼地呵護著。婚後，真正生活在一起的人，會發現每天面臨不同問題的考驗，浪漫褪色後，只剩下一些無聊的瑣碎。

聰明賢慧的妻子懂得當丈夫的好聽眾，在撫慰丈夫心靈的同時，也可以給丈夫最大的安慰，幫助他釋放內心的壓力。做丈夫的好聽眾，也可以在無形中更瞭解丈夫的想法，並牢牢地佔據他的心。

一個肯聽老公發牢騷、肯用心傾聽老公說話的女人，總是站在老公的背後，激發他走出困境的鬥志。做一個合格的聽眾並不容易，需要女人不斷去練習和總結。這是一個喜歡表達自己個性和想法的時代，學會傾聽尤其可貴。在社交場合，最受歡迎的女性往往是最善於傾聽的女性。英國的溫莎公爵拋棄江山，最終選擇了陪伴自己的美人。據說，公爵夫人就是溫莎公爵最好的聽眾，無論溫莎公爵說什麼，她都能表現極大興趣。男人在訴說著自己的夢想時，有個美人靜靜地托腮傾聽，這是所有男人都嚮往的美麗畫面。

那麼，如何修練才能成為一個好的聽眾呢？有以下三個要訣：

要訣一：不僅要用耳朵去聽，還要用眼睛、臉孔、整個身體去傾聽。

要訣二：適當地講一些誘導性的話題。

要訣三：切記，千萬不要洩露別人的祕密。

學會傾聽，當丈夫的忠實聽眾，是得到美滿婚姻最基本的要求。妳在傾聽丈夫講話的同時，也在瞭解他的內心世界，也在瞭解他交際圈中的人和事。在傾聽的同時，請適當地激發男人的氣概，這對他的事業將發揮極大的推動作用，這股力量除了妳，沒有人可以給予。

男人和女人在熱戀時，總有說不盡的甜言蜜語。可是男人一旦成為丈夫以後，言語便越來越少，結婚時間越久，男人越沉默、越不愛說話。

電視中經常會有這樣的場景：早餐桌上丈夫永遠拿著報紙在讀；下班回家後，則坐在沙發上看電視，而妻子總是前前後後地忙著，嘴裡還喋喋不休。但妻子的聲音似乎一點也不會干擾丈夫專注於電視的神情。丈夫的少話令妻子抱怨不已，她們對丈夫的死不開口恨得牙癢癢，卻又無可奈何，拿丈夫沒轍。

其實老公不愛說話，必有其因，仔細分析還是有根源可尋的。

有可能是太疲憊，工作了一天，身心都勞累到了極點。在這種時候，丈夫的情緒非常低落，沉默寡言。此時，做妻子的最好不要主動找他談話，也沒有必要因為他不搭理自己而生氣。給他一些獨處的時間，讓他調節一下心理，緩和壓力。等他調整回正常狀態後，需要找人聊天時，他會主動開口的。

也有可能是夫妻漸行漸遠，缺少共同的話題。婚後女性的話題總是圍繞著家庭、孩子，而男人則關心社會、國家，甚至世界的經濟形勢。雙方經過幾次話不投機後，便陷入沉默，漸漸地話題就會越來越少。

也有可能是妻子一直給丈夫潑冷水，漸漸地打消了他說話的意願。有時丈夫會興沖沖地回家告訴妻子今天得意的事情，做妻子的不但不支持，反而回一句：「這沒什麼大不了的。」幾次以後，老公就開始沉默寡言了。

造成老公不愛說話的原因還有很多。然而，夫妻兩人由「情意綿綿話不完」到「相對無言的陌生」，確實是件傷感的事。所以，面對老公的「沉默症」，女人要用心去治療，不要讓沉默成了婚姻的殺手。

32 做個「笨」女人，也是一種生活智慧

改變私房話32

笨也是一種智慧，
生活中遇到事情時，
有時不妨笨一點，會讓女人變得更可愛。

幾乎所有的男人都喜歡美麗的女人，卻沒有多少男人喜歡比自己聰明的女人。真正聰明的女人不會在男人面前顯示自己的聰明，而是適當地裝糊塗，給男人一定的滿足感。

聰明的女人，在朋友面前絕對不會揭穿丈夫的謊言；聰明的女人，不會給男人太大的壓力；聰明的女人，知道適時裝傻，給丈夫一個臺階下。太過精明的女人，就像《紅樓夢》裡的王熙鳳一樣，機關算盡，最後把自己也算計進去了。

在大多數男人的眼裡，大智若愚的妻子最可愛。她知道在什麼時候該睜隻眼閉隻眼，什麼

時候應該閉上自己的嘴巴。無論在什麼場合，她都會盡力維護老公的自尊心，不會讓老公丟面子，這樣會讓老公更加尊重自己。事實上，女人心裡其實什麼都明白，只是為了維護老公的尊嚴，讓老公能夠毫無負擔地在外面拚搏。

女人不是因為美麗才可愛，而是因為可愛才美麗。美麗是一個人的外表，是天生的，而可愛則源於一個人的氣質，來自於後天的培養，是一種內在美。在男人眼中不可愛的女人，是談不上美麗的。男人常稱呼自己心愛的女人為「可愛的笨女人」，而聰明的女人會為了自己心愛的男人心甘情願地做一個「笨」女人。

笨也是一種智慧，生活中遇到事情時，不妨笨一點，會讓女人變得更可愛。怎樣才能做一個可愛的笨女人呢？

首先是，無論何時何地，都要將老公當成家裡最重要的人。隨著女性進入到社會中工作以後，女強人成了一股不容小覷的力量，擁有與男性平等的地位。但是，無論女性的事業有多麼成功，她還擁有另外一個非常重要的角色，即是別人的妻子。

清楚自己的家庭角色，維護老公的尊嚴，是每個女人的責任。在家庭裡，男性承擔的責任往往要重於女性。因此，無論何時，都要清楚地認知老公才是家裡的頂樑柱。女性的事業再成功，但在家庭生活和夫妻關係中的角色和地位應該和從前一樣。不僅如此，她還有責任和義務幫助丈夫減少或消除不必要的心理困擾。

經常和老公分享工作中遇到的問題，向他訴說自己在外面所遇到的各種壓力和艱辛，請老公為自己出謀劃策、排憂解難，這樣不僅可以縮短夫妻之間的差距，也可以拉近兩人的心理距離，從而不斷增強丈夫的自我價值感。無論多麼成功的女人，都應以家庭為生命的歸屬，才能獲得家庭幸福及老公的寵愛。要獲得這一切並不難，關鍵是要讓老公知道妳對他的依戀。

其次，在生活中不要越俎代庖，不要替老公做出重要的決定。在婚姻生活中，夫妻雙方都各有自己的個性、脾氣和修養各不相同。對女人來說，當妳選擇了婚姻時，最起碼要對自己的丈夫有一個瞭解，並有做符合丈夫要求的妻子的心理準備。婚姻是兩個人的事情，只有相互配合才是最和諧的，如果只按照自己的意願做事情，只會成為一個人的獨角戲。

在家庭裡，有些事情需要雙方共同商量並做出最終的決定。如果女性忽視老公的意願，獨自做出決定，只會讓男人有不被重視的感覺。即使是外表再文弱的男人，內心都希望自己能給予女人安全感。

從某種程度上說，**尊重丈夫就是尊重妳自己。因為，尊重他就意味著妳找到了一個值得妳愛和值得妳敬重的男人。**相反地，如果妳對他不敬重，也就意味著妳做出一個錯誤的選擇，找到了一個不值得妳去愛的男人，這樣的婚姻自然不會幸福。

美滿的婚姻生活，不但需要夫妻雙方坦誠相見，說出自己的心裡話，在某些時候也需要一些善意的謊言做感情的潤滑劑。對於女人來說，謊言是為了鼓勵和安慰情緒低落的老公，給生活增添一抹色彩；對於男人來說，謊言是為了維護自己的形象，安撫老婆的心。

每個男性都會維護自己在妻子心目中的地位，因此會有意無意塑造一種成功的形象。即使當老婆的對他的底細瞭若指掌，也沒有必要戳穿他。尤其當男人的謊言是為了家庭的和諧時，做妻子最恰當的態度就是「糊塗」。許多男人並不善於說謊言，如果女人認真起來，只需要略加考證便可以將男人反駁得體無完膚。但聰明的女人不僅不會揭穿他，反而會樂於相信並默認，並從中體會著男人的心意和愛情的甜蜜。

打從心底接受老公的缺點。「愛一個人，就要愛他的一切，包括他的缺點」，當一個女人選擇一個男人做為終生伴侶時，就意味著接受了對方的優點和缺點。不要自作聰明試圖改變對方的缺點，每個人身上都有不能輕易改變的東西，比如價值觀、生活習慣等。一個人的缺點是一個人不可分割的一部分，如果能連帶著愛上這些缺點，這才是真正的愛。

對每個人來說，那些先天存在的、無法改變而注定缺憾的地方，都是非常敏感，如果揪住這些不放，就暗含著對他整個人的否定。「笨」女人則會懷著極大的包容心，癡愛自己的老公。她明白世界上沒有十全十美的人，包括她自己，兩個不完美的人，共同建立一份完美的感情，是一件非常有成就感的事情。她不會羨慕別人的老公出類拔萃，她認為老公是最愛自己的，優秀的男人不一定適合自己，就像鞋子，穿得舒服與否只有自己知道，不必自尋煩惱。

男人最怕工於心計、過於聰明的女人。再成熟的男人，也希望自己愛著的女人能對自己寬容和理解，能跟自己傻傻地、腳踏實地的相處。與這種「笨」女人相處，男人覺得既安全又溫馨。

現代社會，女人與男人在事業上擁有同等的地位，在職場的強悍和嚴謹的邏輯，回到家裡就要儘量放在一邊。與家人和朋友的私下交流，不同於工作場所，太嚴肅會讓人覺得無趣。儘量放下所有的負擔，以輕鬆、單純的態度來面對家人，這些在男人眼中都是可愛的特質。對待老公的親戚也如自家親戚一視同仁，溫柔賢淑，博得眾多親友團的喜愛，才能讓人疼、惹人愛。

笨女人，思想簡單，凡事不多慮，所以總能快樂地生活，對人生的感受就是幸福。做個幸福的笨女人，滿足現狀，榮辱不驚。常懷感恩之心看待身邊的人和事，笑著面對生活，感受擁有的一切，做到知足常樂。

笨不是指的智商，而是一種生活態度。真正的可愛「笨」女人，指的是聰明、能夠看透世情的女人，她會以一種笨笨的姿態來愛自己的老公、愛生活。這是一種豁達的生活態度，能夠幫助自己找到屬於自己的幸福生活。

做個幸福的笨女人，讓我們的心靈不要因為誰的離去而傷痕累累。

做個幸福的笨女人，何嘗不是一種快樂，生活本來就是簡單的，何必搞得那麼複雜。

做個幸福的、大氣的笨女人！才可以活出我們自己的人格和尊嚴。

33 溝通是男女之間唯一的橋樑

改變私房話33

夫妻之間的水乳交融並不是一件容易事，當夫妻間出現矛盾和問題時，最重要的是加強彼此的溝通。

「百年修得同船渡，千年修得共枕眠」，兩人能夠結為夫妻，是上天給予的奇妙緣分。兩個選擇進入結婚殿堂的人，也就意味著共同分享人生中的喜與樂、悲與苦。在傳統的家庭大政方針上，一般表現為夫唱婦隨。在商量問題、討論事情、研究工作中，真心誠意欣賞老公看待事物的觀點，非常有利於婚姻生活的恩愛長久。

男人和女人的大腦結構原本就不一樣，男人更理性，女人更感性。所以在看待問題時，男人和女人之間總是會存在分歧。如果兩人各執一詞，那麼誰也無法說服誰，進而相互敵視、甚

至出言不遜地傷害對方。婚姻中的問題並不能依靠別人來解決，而要靠夫妻雙方的共同努力。正如美國資深婚姻專家卡斯特所說：「**沒有不良的婚姻，只有不良的溝通。**」

美玲與丈夫結婚十幾年，感情一直都很好。可是，最近她懷疑丈夫有外遇，因為她丈夫總是很晚才回家，一回到家裡就倒頭睡覺。美玲將這一切都埋在心裡，不動聲色地將丈夫的一舉一動看在眼裡。最後，美玲覺得心裡實在太壓抑了，她向婚姻專家求助解決方案。婚姻專家為了化解美玲的「懷疑」，對美玲丈夫的朋友和本人進行了調查。

調查的結果讓人大跌眼鏡：美玲的丈夫根本沒有外遇。他經常晚歸的原因只是因為工作壓力大，而妻子總是心事重重的樣子，為了避免不良情緒交叉感染，他就經常在下班後滯留在辦公室裡打電腦遊戲，以此來緩解心理壓力。美玲瞭解到這些後，主動找老公溝通，兩人又重新回到以前的甜蜜生活了。

婚姻是一葉舟，夫妻是舵手，若要達到幸福的彼岸，需要二人真誠配合，患難與共，否則，與其徒勞航行，不如破釜沉舟！夫妻雙方如果都對現有生活很知足，且共同為一個目標努力，對事物的認知一致且彼此角色協調得很好，這樣的婚姻就是穩定而幸福的。不過，由於會受到自己個性和情緒的影響，夫妻之間要做到水乳交融並不是一件容易事。當夫妻間出現矛盾和問題時，最重要的是加強彼此的溝通。

在與老公溝通的過程中，聰明的女人知道即使雙方存在很大的差異，也不一味堅持自己的觀點，而是認真傾聽老公的見解。這既是對老公的尊敬，也樹立起自己在老公心目中賢妻的形象。

如果夫妻之間產生了矛盾和摩擦，可以嘗試告訴老公妳內心真實的想法，試著論事實、講道理，而不是用任性和蠻橫一帶而過，這是解決矛盾和摩擦最有效的方法。婚姻是一個不斷走向成熟的過程，在這個過程中，將一開始的刁蠻任性變成最後的寬容和理解，才可以為自己經營一個完美的婚姻。

在夫妻溝通的過程中，敏感的話題最好不要輕易涉及，或思考一下最佳的表達方式，巧妙地維護老公的尊嚴。

不要當面批評老公的父母。對任何人來說，父母都是生命中最親的人，他們將自己的一切無私地奉獻給自己的兒女。即使父母再有不是，對子女來說，都沒有指責他們的權力。女人嫁給了男人以後，不是與他的父母來爭奪老公的所有權，而應該和老公一起孝敬父母。如果毫不留情地當面指責老公的父母，會嚴重傷害老公的自尊心，造成無法挽回的後果。

不要用別人的優點與老公做比較。每個人都有自己的優點和缺點，在溝通的過程中，如果想要指出老公的缺點，儘量用比較委婉的語氣。例如，對喜歡睡懶覺的老公說：「老公，妳看清晨的空氣都好啊。我們一起去呼吸新鮮的空氣好不好？」而不是說：「你怎麼這麼懶啊，妳看隔壁家的小王，每天多麼勤奮啊！」如果一直用別人的優點來打擊自己的老公，不僅不能取得良好的溝通效果，反而會在無形中打擊老公的自尊，甚至自暴自棄。

不要毫無原則地要求老公做他不願意做的事情。如果妳一心想要老公升職，而老公並不以為然，不要一直給他壓力。每個人都有自己想要的生活方式，在結婚之前，女人應該已經充分瞭解了老公的意願。聰明的女人會選擇和自己志同道合的男人，並無條件地支持他、鼓勵他。

不要將老公的壞習慣和朋友分享。在和閨蜜聊天時，許多女性喜歡將老公做為話題，大談老公在生活中的不良習慣。這是所有男人最鬱悶的事情，儘管不說，可能心裡已經留下了陰影，以後也不願意與妻子分享自己生活中的小隱私。如果要找談話的題材，可以找老公的優點，他一定會非常開心妻子這樣做。

尊重老公，維護老公的尊嚴，是妻子尊重老公的最佳表現。當老公感到心愛的妻子如此尊重自己時，自信就會增強，相信自己有能力擔負起這個家庭的重任，也相信自己的婚姻會越來越好！這樣的信念就是對妳付出的最佳回報。

人與人之間的溝通方式，除了借助語言外，有時也借助非語言手段。有研究報導人類七〇%的溝通是非語言的，夫妻之間也不例外。我們除了從對方的言語中獲知對方的思想情感外，我們還透過對方的微笑，皺眉，走路的姿勢，下意識的動作等去讀懂對方的心理，透過擁抱、親吻、愛撫、性關係等溝通彼此的感情。學會理解和利用非言語的行為溝通技巧，有利於促進夫妻溝通的深化。

人們情緒的表達，除了嘴上說的，更多的資訊是借助非語言的形式表現，即臉部表情和形體動作。我們有時很注意談判對手的「行為語言」，卻忽略了身邊關係最親密的人的「行為語言」。如果丈夫背對著妻子，一聲不吭，「碰」地一聲關上門，這種行為語言表露出的憤怒情緒是不言可喻的，任何妻子都不會忽視。

「言行不一」是許多夫妻溝通進存在的現象。妻子答應丈夫勤儉持家，但又上街買回了一大堆可有可無的物品。往往人的語言可撒謊，但行為語言卻難以撒謊，人們相信所做的基於所說的，即你所做的、表達的更可能是你的真實願望。所以，發現言行不一致處，即可能發現夫妻之間的矛盾、問題之所在，而解決這一矛盾，能幫助改進溝通，發現對方的真實需求。

透過視覺來解讀對方的行為語言，只是非言語溝通的一種形式，另一種形式就是直接透過身體接觸而溝通。觸覺是我們認識世界的一種基本方式之一，和別人的觸覺接觸也是人的基本心理需要之一。

在夫妻關係中，這種需要的滿足成了表達情感、交流愛意的重要途徑。當一個人精神沮喪，情緒低落時，有時語言的勸慰顯得蒼白無力，而這時如果對方能愛撫他、擁抱他，會使他感到自己的沉重被分擔了，並獲得某種力量或依靠。而在平常時候，夫妻間一次擁抱、一個親吻、愛撫一下頭、肩等，都會流露出彼此深深的愛意，並引起對方的回報。此時，一切情感盡在不言中。

聰明的女人善於運用恰當的溝通方式和方法，不斷發現老公的優點並加以讚揚。在持續溝通的過程中，保持婚姻生活的幸福和完美。

34 以柔克剛，掌握生活主動

改變私房話 34

性格溫柔的女人會讓平淡的日子過起來有滋有味，也會在複雜艱難的工作中，獲得不少新的創意，更容易獲取事業中的成功。

《紅樓夢》中賈寶玉將女性比作「水做的骨肉」，柔情似水的女人，明鏡透澈，讓人由衷讚嘆。溫柔是女人的武器，再強悍的男人，遇到溫柔的女人，也會化成繞指柔，拜倒在她的裙下。

著名學者朱自清在《女人》一書中，是這樣描繪溫柔的女人：「我以為藝術的女人第一是她的溫醉空氣，使人如聽著簫管的悠揚，如嗅著玫瑰的芬芳，如躺在天鵝絨的厚毯上。她是如水的蜜，如煙的輕，籠罩著人們。怎能不叫人喜歡讚嘆呢？」溫柔之美，令人陶醉、令人沉浸其中，不忍離去。

女人可以不漂亮，可以不年輕，但一定要擁有如水的溫柔。在日常生活中，同樣是女性，溫柔的女性比一般女性更容易獲得人生的快樂。性格溫柔的女人會讓平淡的日子過起來有滋有味，也會在複雜艱難的工作中，獲得不少新的創意，更容易獲取事業中的成功。

上帝創造女人最大的成功，不是賦予她們外表的天生麗質，而是一份女性特有的溫柔。對女性來說，這種溫柔是女性獨具的氣質，也是一種智慧、一種力量、一種境界。女性的溫柔像一塊晶瑩剔透的寶石，閃爍出耀眼的光芒，給生活增添了一抹絢麗的色彩。

在生活中，男性的嚴肅常常顯示出一種深沉、成熟、滄桑之美，而女人的嚴肅則容易給人嚴厲的感覺，甚至會得到「不像女人」的評價。在我們周圍，人緣好的女性一般都是那些面相隨和、溫柔的女性。即使她的五官不精緻，身材也不是很完美，但她洋溢著善良與愛心的神情和氣質，卻能給人一種精神上的美感和情感上的撫慰。

「現在的女孩都一副咄咄逼人的樣子，一點兒也不溫柔！」經常可以聽到有些男人對現代女性發出類似的怨言。的確，與過去的女性相比，現代的女性很少有柔順體貼的，取而代之是野蠻女友型的「新潮女性」。正如女人常說的：「時代不同了，女性與男性的地位相等，憑什麼要對那些男人千依百順，做出一副可憐兮兮的樣子呢？」

這些話雖然有一定的道理，但是古今中外，雄性都是代表陽剛，雌性則代表著陰柔。有能力、充滿智慧的女人固然令男人傾慕，但是也不能因此而失去女性特有的溫柔。溫柔是女性獨有的特點，也是女性最寶貴的財富。如果希望自己更完美，就應該保持自己身上最女性化的武器——溫柔。

溫柔如風，可以拂去人們心緒上的煩惱與憂愁；溫柔似雨，可滋潤自己心田上的乾渴與浮塵；溫柔像虹，能映照自暴自棄之人重新揚帆的錦繡前程；溫柔似利劍，驃悍粗獷的人會在這利劍上垂下高傲的頭顱……

對於女性來說，有了溫柔，便有了一種獨特的美，有了一種高貴的人格，有了一種做人的智慧。美麗的女性，如果妳想更快地收穫事業的成功，想收穫甜蜜的愛情，想享受幸福的婚姻，想擁有充實的人生。那麼，從現在開始，學著做一位溫柔女性吧！

有一本書叫《溫柔的力量》，講述了當代成功女性在人生各個領域獲得成功和幸福的真實故事。她們的人生之所以絢麗多采，幾乎都是因為會巧妙地運用如水的溫柔。梅嘉娃蒂是「千島之國」的印尼開國總統蘇卡諾的女兒，她命運坎坷，早在童年時代，父母離異讓她失去了母愛。十七歲的一場變故，讓她從高貴的公主變成最低等的賤民。她遇到了第一任丈夫，兩人非常恩愛。但是好景不長，在她懷第二個孩子時，身為軍人的丈夫在執行飛行任務時突然失蹤，下落不明。幾年後，她與一位外交官結婚。然而，婚後才兩個星期，那個玩世不恭的外交官又有了新歡，並且拋棄她而去。

接二連三的打擊並沒有讓梅嘉娃蒂消沉下去，她用自己柔弱的肩膀挑起了生活的重擔，扭轉了自己悲慘的命運。有愛情的女人固然是幸福的，但被愛情拋棄的女人，照樣能利用自己的力量活出人生的精采來。

梅嘉娃蒂在苦難生活中，一邊肩負著家庭重擔，一邊利用業餘時間不停學習。學識和與眾不同的經歷，塑造了一個充滿魅力的女人。不久，梅嘉娃蒂躋身政界。她待人接物彬彬有禮，謹言慎行，臉上總是掛著淡淡的笑容，說話溫和，待人誠懇。雖然她已經擔任民主黨雅加達中央區會主席，但做人仍然很低調。梅嘉娃蒂隨和的性格受到人們歡迎，在眾人眼裡，她還是當初那個天真善良的「爪哇公主」的可愛形象。這時，一位正直的男子被她身上女性堅韌的品質所吸引，向她發出愛的呼聲，他就是梅嘉娃蒂現在的丈夫陶非克，他是梅嘉娃蒂生命中的真命天子，讓她從此有了一個溫暖的家庭。

女人最能打動人的就是溫柔。當然，這種溫柔不是矯揉造作，溫柔而不做作的女人，知冷知熱、知輕知重。和這樣的女人在一起，內心的不愉快也會煙消雲散，這樣的女人是能令人心動。一個女人站在前面，只需說幾句話，甚至不用說話，就能感覺出這個女人是不是溫柔。

溫柔的女性通常具備以下的基本特質：

❶ 通情達理是女性溫柔最好的表現。溫柔的女性對人一般都很寬容，為人謙讓，對人體貼，凡事喜歡替別人著想，絕不會給別人難堪。

❷ 溫柔的女性有很強的包容性。她具有東方女性的傳統美德，敬老愛幼，用最大的努力去幫助周圍的人。能相夫教子、孝敬長輩，在盡心工作之餘，還能兼顧家庭。

❸ 溫柔的女性擁有溫婉柔和的性格。遇到不順心的事情不會暴跳如雷或火冒三丈，以柔克

剛，是女人的最高境界。和這樣的女人接觸，只會有說不出的舒暢感。

❹溫柔的女性擁有溫馨細緻的品質。女人做出了讓人驚人的業績，只會讓人心生敬仰，只有那種細緻入微的關懷和體貼，才最讓人怦然心動。在這些細微之處，女性難以讓人抗拒的溫柔不知不覺地發散，直到悄然俘獲了別人的心。

❺溫柔不等於軟弱。溫柔是一種美德，是內心世界力量的一種表現。軟弱的女性只能讓人短暫的升起憐惜之情，卻不能長久，而溫柔的女性卻如同蒲草，堅韌、讓人過目不忘。

在聰明女人的生活領域，處處都能展現出溫柔的特徵。女性正是依靠自己的千種風情、萬般妖嬈的溫柔性格，才給男人開闢了一個可以置身於其中的溫馨世界，進而達到了愛情生活的美好和諧；才給男人創造了一個可以感受其內在的審美對象，女性從而在與陽剛之美的對立統一中，看到了自身存在的價值，使自身的美德境界得以自由伸展和全面昇華。

35 花心思整理家居，創造溫馨家庭

改變私房話㉟

整理家居的意義不在於做給別人看，而是讓家人一想起家，就感到整潔溫馨。

家是人類生活和休息的空間，也是一個讓人最放鬆的地方。人的一生，除了工作以外，大部分時間都是在家裡度過的。家庭環境的好壞會直接影響人的心情。家中的裝飾和布置通常是由女性來完成。聰明的女人擅長於打掃、布置家居，創造一個溫馨舒適的家庭。

對所有的家庭來說，衛生環境關係到家庭成員的身體健康，也直接影響到人的心情，所以，賢慧的妻子應該定期打掃整理，使家庭環境永遠保持清潔，讓家人在舒適的環境中得到放鬆和休息。

華人社會講究禮儀，當朋友到家裡做客時，一個髒亂的家會讓主人顏面盡失。因此，許多人為了迎接朋友的到來，在朋友到來之前，會將家裡收拾得非常乾淨，等到朋友走後，一切又恢復成原狀。事實上，**家的意義不在於做給別人看，家應該是讓家人一想起來，就覺得是個非常整潔美好的地方**。

在日常生活中，經常打掃整理，保持生活環境的清潔是一項重要的工作。可是，當女人將地板拖得閃閃發亮，將窗子擦得乾乾淨淨，卻往往忽略了某些衛生死角。例如，牙刷用久了沒有定期更換；一直掛在浴室的濕毛巾沒有拿到太陽底下晾曬；洗衣機裡藏著許多的細菌和寄生蟲；用久了而積存污垢和細菌的臉盆……為了家人的健康，女性會養成一個良好的家庭衛生習慣，無論多麼辛苦，也會堅持每天打掃居家衛生，保持環境的清潔和舒適。

然而，物極必反。**當妻子喜愛清潔的優點成為一種「癖好」時，所表現出來的就不再是美感，而是一種病態了**。在需要時，可以放鬆一下繃緊的神經，營造一份淡雅、舒適的心情。美國影集《六人行》中的莫妮卡是一個有強迫症的女人，她因為過分追求家裡環境的整潔，將自己的朋友弄得無所適從。當一個朋友不小心將她剛剛拍鬆的抱枕壓住了時，莫妮卡一聲尖叫，立刻重新將抱枕拍鬆，神經質的反應讓另一個朋友說：「妳這樣真可怕。」

其實，家本來就能提供舒適和安寧，讓是人放鬆和釋放疲勞的地方。有人說：「有些凌亂的家庭看起來更有家的感覺。」適當的凌亂會讓家看起來更有生活的氣息，更讓人感到溫暖和眷戀。

走進一個家庭時，首先映入眼簾的就是客廳。客廳也是一家人享受天倫之樂的最主要的活動空間，更是招待客人最重要的場所。進入到每個家庭，客廳布置會讓客人感受到主人的品味、個人風格，因此，對客廳的布置絕對不能馬虎。

好的客廳會給人舒適、愜意的感覺，而雜亂的客廳會讓人以為進入到了雜貨鋪。無論是好還是壞，幾乎所有的人都會將其歸功於女主人的賢慧與否，因此，客廳的裝扮與女主人的品味也是緊密相連。

燕子的家是所有好朋友最喜歡去的地方。她的家並不大，只有兩房一廳，客廳也是小小的。但是，所有的人在她家都可以感受到一種輕鬆和自在。乾淨的地毯，大家可以隨意席地而坐。燕子會一邊削著水果，一邊和朋友說笑。然後，她將水果放在透明的大果盤裡，在旁邊放上一堆小牙籤，大家可以隨意取來吃。客廳的主色調以小碎花為主，乾淨素雅。在客廳裡，人彷彿沐浴在清晨的陽光下，感受到恬靜與愜意。

人生有三分之一的時間是在臥室裡度過的。臥室是家中休息的重要場所，也是最放鬆的地方。有一對新婚夫妻，剛結婚時將臥室整體布置成大紅色。可是結婚不到兩個月，兩人便將臥室的色調換成了米黃色，原來是兩人看到滿眼的紅色竟然沒有辦法安然入睡。

臥室的裝扮主要從兩個方面著手，一個是家居的擺放，一個是色彩的運用。臥室是夫妻休息的地方，也是相互增進感情之處。所以，臥室的裝飾應保持寧靜、柔和、溫馨、浪漫，一般來說風格應以溫柔、優雅為主，形成溫暖、祥和與輕鬆的氛圍。燈光也要採用暖色系，能使臥室產生溫暖柔和的氣氛。在炎熱的夏季則可以用冷色燈光，以形成室內清涼的心理感覺。牆面採用中性色調，以襯托家具的色彩，地面可鋪上沉靜色調的地毯或木地板，更顯得柔美而和諧。

小馬最喜歡妻子在宿舍裡安放的落地燈，散發出橘色的柔和光線。他和妻子經常湊在燈下看書或玩電腦，有一種天長地久的感覺。有一段時間，小馬工作壓力比較大，經常加班到很晚才能回來。無論多晚回來，妻子總是為他留著那盞燈。小馬感慨地說，每次只要看到臥室窗戶傾瀉而出的橘色燈光，心裡就充滿溫暖，感覺所有勞累都是值得的。

陽臺的布置也可以反映出主人的生活品味。用心布置陽臺，擺放一些綠色植物，可以為家庭創造富有情調的環境，也能增添一些生氣。有時，從一個小小的陽臺，便可以看出這家人對待生活的態度。那些在陽臺上堆砌著過多雜物、地面髒亂的家庭，要麼是沒有時間、沒有心情打理，要麼就是對生活失去了從容。

陽臺雖然只是家中的小小一隅，但是經過細心裝扮，也能演繹出不同的風情。生活源於細節，而細節源於用心。綠色植物最能點綴出家的生氣，若在陽臺上放置一盆綠色植物，可讓狹小的空間生動起來，更與窗外的景致內外呼應，這不失為一個簡便易行的裝飾方法。

如果陽臺夠大，還可以在陽臺放上兩把搖椅和一張小桌子，和家人一起在陽臺品嘗咖啡，欣賞窗外的景色，是多美妙的事情！同時，與相愛的人一起在陽臺欣賞日出日落，重溫初戀的美好，也是讓感情升級的好辦法。

男人每天都要處理各種複雜的事物和衝突。回到家裡就可以感受到家的溫馨，男人會明白這一切都是因為有了一位愛自己的妻子，是她把家變成了溫馨的港灣讓自己享受。於是，他所有的煩惱和疲憊就會立刻消失得無影無蹤。忙碌了一天的男人，渴望能得到安詳、和諧、舒適……

幾乎所有的家庭都會面臨這樣的情況：男人帶朋友到家裡聚會，把妻子剛打掃好的房間弄得烏煙瘴氣、杯盤狼藉。這種情況如果不好好處理，便會成為家庭戰爭的導火線。聰明的女人明白，朋友是男人最珍貴的友誼，也是男人事業的助力。珍惜男人，同時也要珍惜他和朋友之間的友情。女人雖然對杯盤狼藉的場面感到厭惡，但這卻是交流情感、增進友誼最直接、最有效的方法。因此，女性也不要從內心裡厭惡這種場景，而是和男人一起整理家居，讓它重新散發出光采。

家是人生的港灣，是所有人最後停靠的地方。女人不僅要將自己收拾得光采照人，也要將自己的居住環境打掃得乾淨整潔，創造一個溫馨的環境。

36 想留住男人的心，先留住男人的胃

改變私房話 36

一個能把下廚當情趣的女人，
既是懂得體貼、懂得生活的女人，
也是家庭的最佳營養師。

掌握一手好廚藝是女人的一種修為，也展現了女人的內在素質和修養。有智慧的女人，會在衝刺事業之餘，不斷完善自己、提升自己，努力精進廚藝。一個滿肚子墨水、事業上風生水起的女性，卻連一道菜都做不好，形象就會打折扣。

在菜市場，一個老太太和一個老頭一起買菜。老太太問吃什麼好呢？老頭故弄玄虛地說：「保密」。老太太哈哈大笑，滿臉幸福的皺紋，俏皮地說：「你那點心思我還不知道嗎？」。

「要想留住男人的心，先要留住男人的胃」，瞭解一個男人，也是先從他的胃開始，每天燒飯

就是細水長流又情深似海的愛情表達方式。

當男女處於戀愛時期，雙方激情似火；然而，一旦走進婚姻的殿堂，圍城裡的故事便充滿了千般變化，女人如果連男人的飲食喜好都不關心，很難想像她能成為合格的妻子。結過婚的人，往往對於飲食文化有自己獨特的理解。愛情褪去了激情後，剩下的就是生活中的平淡，愛護男人的胃，就是愛情的另一種表達。為心愛的人洗手作羹湯，恐怕是所有沐浴在愛河中的女人最願意做的事情。享受燒飯的細節，也是一種生活情趣，一旦討厭就會覺得無比繁瑣，進而也會厭煩起婚姻的瑣碎。

麗娜是家裡的獨生女，嬌生慣養、養尊處優，大小的家務事幾乎與她無緣。麗娜的媽媽曾經擔憂地說：「妳什麼都不會做，以後怎麼嫁人啊？」麗娜回答說：「媽媽，不是有餐館、外賣嗎？我們外食就好了。」然而麗娜遇到王聰後，便改變了原有的想法。她不僅買了大量食譜親自下廚學做菜，還跟同事們一起談論做飯經。

聰明的麗娜很快就燒得一手色、香、味俱全的好菜。在麗娜的調養下，王聰由一個又黑又瘦的青澀男生，變成了一個身材勻稱、高大英俊的成熟男人。在麗娜的精心照料下，王聰全無後顧之憂，全心在事業上打拚，很快就由一個普通的小職員變成了公司的經理。

一個真正愛自己的男人、愛這個家的女人，就會樂於研究烹飪技巧，做出各種美味可口、營養豐富、搭配適當的飯菜。**一個能把下廚當情趣的女人，既是懂得體貼、懂得生活的女人，也是家庭的最佳營養師。**這樣的女人會用心地掌握營養知識，瞭解膳食的營養成分和適當搭配的常識，讓心愛的老公吃出健康、吃出家的情趣。每當看著老公、孩子圍在餐桌邊吃得其樂融融時，妳會從心底感到愉悅開心。而丈夫和孩子也會對妳越發喜愛、感激，對這個家越來越依戀。

男人在家裡吃慣了妻子燒的菜，一旦出差在外，肯定不習慣外面的飲食，即使館子裡的菜多麼美味、多麼高檔，也吃不出「家」的味道，千好萬好也沒有老婆燒的菜好。所以，外面的食物再香，男人也會貪戀妻子燒的家常小菜。所以，練就一手好廚藝，是女人拴住男人最簡單的辦法，也是保障家庭幸福的一件大事。

如果想要自己的男人保持整天的精力充沛，一頓豐盛的早餐必不可少。許多男人在婚前沒有吃早餐的習慣，往往急急忙忙起床後，就匆匆趕往公司。空著肚子工作，效率必然不會太高。其實，早餐時一日之中最重要的一餐，長期不吃早餐會引發多種疾病，對健康造成很大的危害。有人說，「早餐應該吃得像皇帝，中餐吃得像平民，晚餐吃得像乞丐」，足以說明早餐的重要性。若不吃早餐，中餐必然會因饑餓而大量進食，反而增加消化系統的負擔，誘發腸胃疾病，導致營養不良。沒有哪個賢慧的妻子希望老公因為這麼一點小事就患上那麼多疾病。清晨，當男人起床後，為他沖一杯牛奶，夾幾片麵包放在桌上，讓他感受到妳時刻關心著他，一如既往地愛著他，讓他對妳有一種依賴感，這樣無論他走多遠，都會想著回家。

下班後，當男人回到家裡，就有可口的飯菜等著他，這是許多男人一下班便急切往家裡跑的原因之一，也是女人牢牢將男人的心拴在家裡的最好手段。

可口的下酒菜，在日常生活中是再平常不過的，但是從中卻反映出妻子對老公的關心和體貼。聰明的妻子知道，這不但是體貼自己的老公，同時也是在呵護自己的婚姻。

男人在外面工作，為了家庭打拚，妻子為老公料理好家務事，讓他沒有後顧之憂地投入工作。每天為自己愛的人做一頓可口的飯菜，就是對愛情做出的最直接、最現實的承諾；反之，如果連飯菜都不會做，那麼，照顧老公一輩子就成了一句空話。

學手好廚藝是對老公的關愛。如果妳掌握一手好廚藝，老公在外面吃飯時，就會時時想念妳做的可口飯菜，想到妳對他的好。同時，他會盡可能回家與妳共進晚餐，感受和妳在一起吃飯的浪漫情意。

男人的感情在於事業，女人的事業在於感情。男人離不開事業，那是他表現或證明他是男人的手段和方法，男人透過事業來養活家庭，為家人的生活提供保障，當然現代女性也大多是職業女性，但是男人仍然起著舉足輕重的作用。而女人的事業在於感情。現代社會的發展，職業女性越來越多，但是真正具有對事業無限熱愛和追求的女性並不多見，更多的是女性還是關注於家庭和感情。

掌握幾道拿手好菜，是捍衛妻子地位的保證。如果妳會做一桌可口的飯菜，當老公可能有外遇時，這是妳向情人挑戰的武器，用柔情和智慧，再加上一桌可口的飯菜，妳可為家庭築起一道密不透風的防護牆，捍衛自己的領地，鞏固自己的地位。

實際上，現代社會很多女性原本有心為老公好好做一頓飯，卻因為自己廚藝不佳而退卻。

事實上，為老公做飯並不需要成為大廚，只需要瞭解老公的飲食習慣和偏好，再針對這些去學習和瞭解製作方法，就能做出一頓可口美味的飯菜來。

生活中的許多點滴都在不經意間中蘊涵著愛意，體貼一個人，愛一個人都體現在細節之中。有時候，男人並不在意妻子為他做的是不是精美的膳食，就算是一盤普通的白菜蘿蔔，他也會覺得別有一番滋味在心頭。為老公做飯菜，用的並不一定是精美的食材，關鍵在於愛心。

對待男人，尤其是對待自己的深愛的男人，寬容，體貼，疼愛，關心，這些是最基本的。對自己的愛人多一點寬容，把自己變為一個好廚師，留住男人的心，先要留住男人的胃。

Part 4

愛金不拜金

——守住麵包才能守護人生

37

經濟獨立，人格才能獨立

改變私房話 37

女性想要擁有獨立的人格、自主的意識，經濟獨立是必要條件。

華人社會喜歡說「男主外，女主內」，一句話就剝奪了女性自謀生路的可能性，因此，過去的女性幾乎是依附於男性而存在的。「經濟基礎決定上層建築」，即使在二十一世紀的今天，在一個家庭裡，有發言權的往往也是擁有經濟基礎的人。

偶然在商場裡碰到一個很久不見的朋友，她和老公一起逛街，看中了一雙鞋子，價格在兩千元上下，新款上市無折扣。她對那雙鞋愛不釋手，試穿後怎麼也捨不得脫下來。她老公卻一臉不耐煩地說：「走了，走了，等打折再回來買。」說著，就把我朋友拉走了。朋友回頭看我，一陣臉紅，尷尬異常。事後，和另外幾個朋友聊天，無意中聊起這件事情。原來，那個朋友結婚後就當起了全職主婦，依附老公生活。記得她以前讀書時，人長得漂亮，成績也不錯，臉上總是掛著自信的微笑，和現在判若兩人。

經濟基礎屬於物質層面，而人格獨立則屬於精神層面，兩者看似毫無關係。但是，缺少物質條件的支撐，精神只是空中樓閣、虛有其表。人格獨立包含了強烈的自我意識，包括自尊、自愛、自信等。現在許多女性因為錢而願意委屈給有錢人當小三。有一次我在外面吃飯時，無意中聽到旁桌的幾個女孩在聊天。聊天的主題是：「出多少錢，妳就願意被包養？」或許幾個女孩只是隨便聊聊，真正遇到這種情況，可能並不一定真的願意這麼做。但是她們討論得如此火熱，甚至最不贊成被包養的女孩也訂下了一個價碼時，我不禁感嘆，這個世界究竟怎麼啦？

曾經有個網路論壇針對「如何看待女性被包養」這個問題進行調查，分為不同的選項投票。表示寬容的佔了投票數的五三%，表示強烈鄙視的佔了五%，認為是各取所需、互惠互利的佔了五六%。許多投票者表示，任何一位被包養的女人，都是活得沒有自我、處於卑微低賤的位置上。但是，許多人迫於各種壓力，最後不得已選擇了這條道路。我們應該尊重每個人的選擇，但是不可否認，一個女性從被包養的那一刻起就被貼上了標籤，成為了一種有價商品，失去了做為人的尊嚴和人格。

女性想要擁有獨立的人格、自主的意識，經濟獨立是必要條件。隨著現代社會競爭激烈，就業壓力也很大，出現了一批特殊的族群，通常被稱為「啃老族」。這是一群缺少謀生能力的年輕人，因為經濟無法獨立，只能依靠父母生活。剛開始上班時，有個女同事出手很大方，以我們當時的經濟狀況，很難負擔得起那麼大的開銷。有一次我們一起逛街，她看上了一件非常昂貴的衣服，眼睛眨也不眨就買了下來。我問她：「這件衣服價錢比我一個月的薪水還要多，妳怎麼付得起呢？」她笑著回答：「我爸給我的錢啊，就我們那點薪水，哪能養活我自己呢！」過了不久，她開始節衣縮食，和我們一樣過起了節儉的生活。我問原因，她說：「我爸說，我不能依靠他一輩子，總有無法依靠的一天。到那個時候，我再想獨立就難了，不如從現在開始培養我獨立自主的能力。」

女性依附男性的時代已經一去不復返了，現代女性擁有與男性相平等的位置，以及獨立自主的能力。一個想要成功的女性，首先必須明白自己的人生中，什麼是最重要的。成功女性與成功男性的定義並不相同。一般來說，成功的男性大部分是指事業成就，而成功女性還包括家庭、友誼、個人的成就感等等。由於各種外在條件的影響和制約，女性很難在事業上男性一爭高低，但是，女性也應該有自己的人生目標。這個人生目標可以不是很具體，而是很抽象的東西，例如健康、自由、快樂和愛。但至少她必須明白這些目標對自己的意義，並且願意為之奮鬥。

我經常聽到某些女性朋友在談起自己的夢想時，眉飛色舞，然而僅僅止於夢想，進一步追問：「為什麼不去實現自己的夢想呢？」答案是因為老公不支持自己，所以放棄自己的夢想，這是很多女性的悲哀。在一個家庭裡，大多數女性承擔著犧牲奉獻的角色，一生大部分的時間都耗費在老公和孩子的身上，而放棄了屬於自己的權利。

一個朋友結婚後，全心全意在家相夫教子。有一次，幾個朋友相約出去旅遊，她猶豫再三，最終決定和我們出去放鬆一次。晚上住在旅館裡，她坐立難安，決定打電話回家。接通電話，聽到兒子喊「媽媽」，她的眼淚就「唰」地流下來了。結束通話後，我問她：「妳想兒子了嗎？」她說：「是的，一聽到他喊我就忍不住了。以前我覺得孩子太小，他離不開我，現在看來是我離不開他。」我說：「可是總有一天他要娶老婆，過自己的生活啊。到那個時候，妳怎麼辦？」她陷入了沉思中，久久不能說話。

女性最大的悲哀是依賴於別人生活，不管這個人是父母、丈夫還是孩子。一旦這些依靠都不存在了，女性會悲哀地發現，自己也失去了存在的價值。曾有個紀實報導：有位女性嫁了非常有錢的老公，享受著優渥的生活。但是她老公經常不回家，偌大的家裡常常只有自己形單影隻。她覺得十幾年的婚姻對自己來說，彷彿一場夢。她選擇了自殺，走之前她用DV把一塵不染的家拍了下來，拍好後她留言道：「我把家打掃得這麼乾淨，我這麼愛這個家，我這麼負責任，最後我卻很絕望，因為他連看都不看我一眼。」她很憤恨，覺得這個世界於她而言好像沒什麼意義。其實，沒有誰能為別人的人生負責，能負責的，只有自己而已。

有一位女明星在接受記者訪問時，記者問她：「妳老公也是有名的明星，你們倆演藝表現都那麼優秀，經常相隔兩地拍戲，妳會不會有危機感，擔心有一天他愛上別人，或被別人追去了。」她回答說：「年輕時曾擔心過，但現在不會了，如果他有第二次生命的火花，我恭喜他。這不是我大度，是因為我明白一個道理，任何時候他在不在身邊，有沒有這個人，我都會把自己的人生照顧得好好的！」真是一位有智慧的女性。一個不愛自己的女人，是不會獲得別人珍愛的。

女人要有脫胎換骨的改變，不僅需要漂亮，更需要一副健康的身心，和一個讓自己充分成長的的壞境，所以，光有家庭、朋友還不夠，還應該有健康以及獨立的經濟財富，正如玫琳凱・艾施女士（Mary Kay Ash）所說：「一個女人只有經濟上獨立，才能在人格上獨立。」

38 從財務開始，掌控自己的人生

改變私房話 38

女人有錢，不僅是為了擁有一件價值不菲的衣服，來滿足自己的虛榮心，重要的是讓自己更有能力，有能力愛自己，也有能力愛別人。

十歲的女孩，都夢想著成為童話故事中的小公主，受到眾人的矚目；二十歲的女生，認為有一間屬於自己的甜蜜小窩是最美好的事，並且非常願意用自己的雙手將它布置得溫馨浪漫；三十歲的女人，希望獲得別人的認可，經營蒸蒸日上的事業；四十歲的女人，最期待的是家庭和睦，一家人幸福快樂的為了美好未來而打拚；五十歲的女人，能夠從容沉著地面對人生，最大的希望不過是一家人過著幸福快樂的生活。

無論是人生哪個階段，女性們都無法不面對一個現實，就是隨時隨地都需要花錢。正如一句俗語所說：「錢不是萬能，但是沒有錢萬萬不能。」女人有錢，不僅是為了擁有一件價值不菲的衣服來滿足自己的虛榮心，更重要的是讓自己更有能力，有能力愛自己，也有能力愛別人。

在肯亞舉行的奈洛比國際馬拉松比賽中，二十七歲的肯雅農婦切默季爾成為了最大的黑馬，贏得了那屆比賽的冠軍。當時她只是一名僅僅訓練了一年的業餘選手。面對不知名的選手突然獲得金獎，解說員不知所措，手忙腳亂地找了半天才找齊她的資料。

在頒獎典禮上，體育記者採訪她：「妳是個業餘選手，而且年紀處於絕對劣勢，我們都想知道，究竟是什麼力量讓妳戰勝眾多職業選手，奪得冠軍？」切默季爾流著淚說：「因為我非常渴望拿到七千英鎊的冠軍獎金。」話音剛落，現場一片譁然，這番話明顯有悖於體育精神。切默季爾抹去眼淚，哽咽著說：「有了這筆錢，我的四個孩子就有錢上學了……」喧鬧的運動場突然鴉雀無聲，原來，這是母愛的力量。現場響起了如雷掌聲，那是對冠軍母親最誠摯的祝福。

事實上，當時沒有誰能瞭解切默季爾背後承受的壓力，為了這次馬拉松她一個人在山路上孤獨地奔跑了整整一年。從來沒有經過專業訓練、營養不足，這些都沒有阻擋她前進的道路。為了籌集到參加馬拉松的報名費，她丈夫甚至把家裡所有的牲口都賣了，而那些已經是家中最後的財產了。退無可退的切默季爾除了成功、贏得那筆獎金，已經沒有任何後路了。

還有一位偉大的女性，和丈夫離婚後，獨自帶著年幼的女兒居住在一幢狹小的房間中。因為處於失業狀態，她連租房的押金都沒有，還是靠朋友接濟才能找到棲身之所。處於窮困潦倒的狀態之中，年輕的單身母親陷入了極度絕望之中，甚至一度想自殺。為了年幼的女兒，她堅持了下來，並就此開創事業高峰。她就是J．K．羅琳，《哈利波特》系列書籍的作者。

學會賺錢，學會理財，女性才能真正掌握屬於自己的人生。一個人一生的收入來源於兩方面：一是工作收入；另一方面是理財收入。《論語》中曾寫道：「君子愛財，取之有道」，君子愛財，更應治之有道。「取」的意思是「賺錢」，「治」的意思則是理財。一個人賺錢的能力再強，如果不會理財，到了晚年還是會兩手空空，什麼也沒有。從現實的角度來看，女性學會取財、理財是對自身的一種保障。女性平均壽命長於男性，而且現代社會離婚率日益攀升，將希望寄託在丈夫身上是不切實際的。想要做個幸福的女人，首先必須成為獨立自主的聰明的女人。

古時候有位女子要出嫁，母親告訴待嫁的女兒說：「到夫家後，要拚命存私房錢，免得有什麼意外，將來被休了，生活無所依靠！」女子嫁到夫家後，真的遵循母親「教誨」，努力存私房錢。有一天，婆婆發現媳婦存了很多私房錢，很生氣，要兒子休了媳婦。女子卻沒有任何難過悲傷，回到娘家後就告訴母親：「娘說得真對！還好我存了許多私房錢。」

女人懂得理財，人生就由自己掌控。我們常說精神文明建立於物質文明的基礎之上，財富是美麗優雅的基礎，一個女人外表美不美麗是天生的，無法更改，有沒有能力則是後天的，只要妳想努力就能得到。容顏的衰退是無法抵抗的事實，再美的花容月貌也會隨著歲月的流逝而漸行漸遠，只有由內而發的美麗才能長盛不衰，並隨著歲月的積累而越來越香醇。

女人在三十歲時就應該獲得讓自己幸福的能力。為了獲得這種能力，現代女性必須不斷充電，由內到外不斷提升自己：閱讀大量的書籍；到各地旅遊，體驗各地不同的風土人情；持續健身，保持身體健康；瞭解最流行的時尚資訊，塑造完美的女性形象……所有這些，都需要一定的經濟基礎才能實現。四十歲的女人需要的是智慧，能夠從容應對家庭危機，坦然面對人生各方面的胸襟。五十歲的女人需要良好的性格及高ＥＱ。六十歲的女人需要健康和財富。正確的理財觀能夠幫助女性輕鬆達成這些目標。

女性在理財時，往往存在以下三種缺點。

❶過於保守。大部分女性最喜歡的投資工具是儲蓄和保險，而這兩種相對最安全、最有保障。女性擁有一種自我保護的本能，總認為錢抓在手中才是最實際的。實際上，風險小，回報也小，而且，通貨膨脹也會隨時將銀行的利息吃掉。

❷三分鐘熱度：正確的理財不是一天、兩天就能完成，而是幾年甚至幾十年的漫長過程。持之以恆，女性才能掌握理財的規律，並且體會到理財的樂趣。

❸感性的理財觀：衝動消費是理財的大忌，少用信用卡，多用現金，在每次消費時做好計畫，建立理性的消費觀。

理財是女性與生俱來的本領，關鍵是女性要給自己機會來充分展示這一才能。

39 女子愛財，理之有道

改變私房話 39

保持理財的觀念，即使面對經濟危機，
也能保持原有的生活品質，
女性們學會理財、善於理財，
才能幫助家庭平穩度過經濟危機。

一位理財專家曾說：「**女人有財力，才更美麗。**」女性想要活得充實、幸福，一定要把自己修練成理財高手。不要錯誤地認為理財是男人的事情，以為找個可靠的長期飯票就可以高枕無憂，實際上，這反而是將自己的未來置於風險之中。對於女性來說，只有財務獨立才是最大的保障，做好理財規畫很關鍵。

不同年齡層的女性，所處環境與消費觀不同，理財重點也不相同。

二十多歲的女性，剛開始工作。許多人每月要投入大量的薪水購買各種服裝、化妝品來裝扮自己，或泡酒吧、旅遊，將大部分的錢都用來享受生活。每到月底時，不少女性會悲哀地發現，自己是個典型的「月光族」，甚至還有人自嘲為「月初光」。因為，月初發薪水時，所有的錢都用來還信用卡或各種帳單，幾乎每個月都過著借貸、入不敷出的生活。

針對這群「月光族」的女性，最關鍵的是要養成良好的消費習慣。

❶做好財務計畫。學會記帳，在記帳的過程中，發現自己的消費問題，養成儲蓄和做計畫的良好習慣。擬定每個月的理財計畫，收入、支出、儲蓄三者形成一定的比例關係，保證每個月至少有一筆錢進入理財規畫中去。

❷提升自己，積累無形財富。一名女性工作近三年，幾乎沒有存下什麼錢，所有的錢都用來參加各種培訓班。三年的時間，她從默默無聞的小職員晉升到主管，再到區域行銷經理，完成了人生的幾連跳。俗話說，投資脖子以上的部位永遠沒有錯。剛進入職場的新鮮人，開拓視野、充實自我，提升自己綜合素質和工作能力，對自我價值的提升有很大的好處。

❸選擇風險小的理財計畫。積少成多，哪怕每個月只存幾百元，也可以透過各種理財方式來進行。相對來說，可以採用以下幾種理財方式：一是定期投資黃金，收益比較平穩，尤其是在黃金市價不斷走高的情況下。定期投資黃金不是買各種漂亮的黃金飾品，那樣妳會無形中支付一筆昂貴的設計費用。最好選擇購買金條，它不會受到通貨膨脹的影

響，等到金價高時，去實體店面兌換成現金，還能小賺一筆。二是透過基金的定額定期投資，可以選擇風險高、中、低三類搭配進行，分散風險。三是不動產投資，即投資買房。房產是目前女性最熱衷的投資方式之一，買住宅、買店面、收租金，以房養房，不僅賺到了自己的零用錢，還為自己的未來存下了一筆豐厚的「養老金」。

三十多歲的女性，生活重心轉向家庭。這個階段的女性，大部分已經有了自己的家，生活中的風花雪月都已退場，取而代之的是平淡的生活。此時的投資更加穩健成熟，以子女的教育基金和將來的養老進行儲備。

❶有計畫的消費，降低風險。根據自己的年齡、收入及工作需要等配置一些必不可少的保養品、服裝等，再加上結婚、生子兩件大事情，所以這時是人生中開支最大的一個階段。在消費上，擬定計畫，確保收支平衡。

❷投資方式多樣化，可以選擇相對穩定、收益較高的多樣化投資管道。此階段的女性往往已經有了一定的儲蓄，可以購買開放式基金、外匯理財產品、債券、外幣等工具，都是穩妥有效增加家庭理財收益的手段。在投資中，注意配置部分流動性稍高的品種，以應對可能出現的短期大筆支出。

❸保險規畫。越是經濟壓力沉重的時期，保險的配置越是重要。做為經濟支柱的夫妻雙方出現任何風險時，保險能夠降低意外所帶給家庭和生活的衝擊。子女將來的教育也是一筆不小的支出，建議長期投資要儘早開始，一般教育基金的投資年限為十五年。如果以

一定目標金額為準，投資起點越早，達成目標每月需要支出的金額就會越少。

四十多歲的女性，開始品味生活。這個階段的女性無論是從個人閱歷、職業成就，還是經濟收入都達到了人生的最高點。但是，生活的壓力也達到了人生的頂峰，「上有老、下有小」是這個階段女性最真實的寫照。做好這個階段的理財計畫，才能為將來的頤養天年打下良好基礎。

❶退休、養老計畫是這個階段的重點。在投資類別上，繼續降低風險較高的品種，同時增加低風險和固定收益的比重。對於養老金的積累，可以採取定期定額及單筆投資同步進行的方式，品種幾種在平衡型基金、部分配置債券基金。進可攻、退可守，從容不迫地安排以後的生活。

❷投資身體，注重養生。此時身體各機能在不斷下降，養生非常重要，注意調理好身體，保持積極健康的心態。

❸保險規畫仍然不可少。進入四十多歲後，需要增加健康方面的商業保險，降低日後家庭生活的風險。這個階段，建議保險支出佔家庭收入的一〇至二〇％最合適。

等到五十歲以後，女性的生活重心在享受生活上。此時的理財計畫主要放在養老保險上，如果手上還有一些閒錢，為自己的孩子購置房產也是不錯的選擇。

在不同的時期，還會出現不同的理財方式，女性必須瞭解各種理財方式，增加人生的保障度和幸福度。以下就目前流行的幾種個性女性為例，講解生財之道。

宅女是近些年流行的一群女性，「宅經濟」也成為了近幾年最時髦的網路詞彙之一。宅女們大部分時間都待在家裡，主要的溝通工具是網路。因此，也可以在網路上進行小額度的黃金、外匯等投資，這些交易在白天、夜晚都可以進行。對於喜歡掛在網上的宅女們來說是個不錯的選擇。

另外，隨著近年電子商務興起，宅女們也可以投入網拍行列。王寧是個典型的宅女，工作清閒，待在家裡的時間很多。她初次接觸網拍時只是玩票性質，沒想到在精心經營下，每天能夠進行上千筆交易。王寧後來將工作辭了，專心致志地在家經營網拍，迎來了事業的第二個春天。

白骨精，即「白領、骨幹、精英」，這是一群擁有自己的事業並已經小有成就的女性。她們有一定的理財意識，但由於工作繁忙，沒有太多的時間打理。

對她們來說，首要之務是從單純儲蓄轉向全面資產配置方面，最重要的是進行現有財富的增值。可以將一部分儲蓄轉為銀行理財產品以提高收益率；另一部分儲蓄可買一點基金；最後一部分做為備急之用，考慮流動性較好的銀行理財產品。此外，如果時間許可，可以進行房產投資，但是每月的還款總額不要超過月均收入的五〇％，不然會增加自己的壓力。

擁有理財觀念，即使面對經濟危機，收入受到影響，但生活仍要繼續，為了保持原有的生活品質，只有做個聰明的女人，學會理財、善於理財，才能幫助家庭平穩度過經濟危機。

40 愛財，不是拜財

改變私房話 40

女人會在下意識中選擇富有資源和事業有成的男人，
這是許多女人在擇偶時的心結，
在人類的進化過程中，自然選擇規律給人類帶來了永恆的生存壓力，
也影響了女人的擇偶標準。

女人天生喜歡各種美麗的物品，喜歡穿漂亮的衣服，喜歡用各種美麗的飾品來裝扮自己，而這一切的前提，都是需要錢。女人愛財是天性，但是拜財則是道德問題。

美國人曾經做過一個小實驗：選擇十位男士和十位女士，讓他們穿上一模一樣的黑色制服和黑色的帽子，兩隊相對站立。在不受服裝和髮型差異的影響下，根據對面十位異性的吸引力，男女雙方互相投票。

然後，根據每個人得到的票數分別定出一號到十號，其中一號為最吸引異性，十號為最不吸引異性。接下來，在這十男十女的胸前分別掛上一個大圓牌，上面印著自己得到的號數。

心理學家告訴他們，可以自由地選擇自己想約會的對象，在自由競爭的情況下產生十對約會組合。結果，在所有的十對組合中，男女的吸引力號數都相距不超過正負一。例如，吸引力六號女性的男伴是七號，吸引力四號男的女伴是三號等等。

然後，主辦方將所有人的學歷、收入和職業等資料當眾公布，讓這十男十女重新按照吸引力投票。結果，男性對十名女性的評分排序幾乎沒有什麼變化，但是女性對男性的評分排序發生了翻天覆地的變化。

這個實驗說明，女人會在下意識中選擇富有資源和事業有成的男人，這是許多女人在擇偶時的心結，好像一旦明確要求對方有車有房，就落入了「愛慕虛榮」的評價。

進化心理學表示，在人類的進化過程中，自然選擇規律為人類帶來了永恆的生存壓力。男人與女人由於在社會中的職責不同，因此發展出了不同的擇偶心理機制，而這些心理機制深深地扎根於人類的大腦裡，將自身基因傳遞給後代。

男人不是嬰兒的載體，在繁衍後代方面，其身體上的投入是有限的。而女人則擔負生育的主要負擔，另外，女人一生不能生育超過十二個孩子。因為男女生物特徵的這些差異，遠古男人以提高後代生產量的方式提高他的基因傳承機率，而遠古女人則以提高有限數量子女的存活率來提高她的基因傳承機率。前者的注意力放在選擇生育力旺盛的女人為配偶，而後者的注意力則放在選擇富有資源的男人為配偶——古遠時代男人是捕殺動物取得食物的狩獵者，女人是生養後代的築巢者。

透過千萬年的進化，那些選擇年輕、健康的女人為配偶的男人會留下較多的後代，這些男人受到物競天擇的大自然寵愛。而那些選擇富有資源男人為配偶的女人，也會有較大的機會將後代養育成人，或說她的基因有較大的機率被傳承下去，大自然會傾向選擇這樣的女人。

儘管現代女性大多自食其力，甚至有許多女性在工作崗位上表現優秀，絲毫不比男性遜色，但是美國德州大學心理學教大衛．巴斯（David Buss）對三十七個國家共一萬多人的研究表明，在所有國家中，女性對配偶在收入和社會地位上的要求都遠遠高於男性對配偶的要求，研究小組還發現，高收入女性對其配偶的要求普遍比低收入的女性還要高。

進化心理學家們將此解釋為：**儘管在現代社會裡高收入的女性足以自食其力，但她們的基因仍然「保留」著古遠時代她和子女忍饑挨餓的「記憶」，遺留了依賴狩獵者男人分享食物的生物本能**。所以在女人眼中，一個相貌普通但事業成功的男人會顯得很「帥」，這絕對不是虛榮心在作祟，而只是人類生存的本能反應。

正因為如此，針對女性的生存方式，社會上流行一句話「做得好不如嫁得好」。影星林青霞三十年前接受媒體的訪問時對記者說：「我和秦漢已經存了些錢，日子過得挺好的。」一再受歡迎的青春玉女也知道，身邊必須有點錢，日子才能過下去。現在的林青霞嫁得好，根本不用擔心錢。儘管已經是婆婆級的人物了，皮膚仍然保持著光滑水嫩、身材凸凹有致，很難看出年齡。

而另一位日本女星山口百惠，也曾是一代人心目中的理想情人。她退出銀光幕後，專心在家相夫教子。無奈她的離開也讓曾經的金童玉女組合受到打擊，丈夫的事業一落千丈，據說日常開銷用度都見窘迫，曾經的光采照人早已褪色。

有如此多的前車之鑒，造成許多女性在選擇人生另一半時，將錢看成了唯一的衡量標準。中國有個相親電視節目，一位冒天下之大不韙的女性來賓公開宣揚：「與其坐自行車上笑，還不如坐在寶馬（BMW）裡哭。」一石激起千層浪，頓時引起一陣譁然。更有意思的是，節目中還插播了一則廣告「家淑抵萬金」，公然提出反對拜金。

假如女性愛財是人類基因中遺傳下來的，拜金則是一種價值觀的失衡。二者最根本的區別在於，愛財是天性，但所謂「君子愛財，取之有道」，運用自己的智慧，便能獲得自己想要的財；而拜財則是臣服於錢財之下，一切以錢為中心，將錢看成衡量萬事萬物的標準。

對男人來說，拜金女真的能夠獲得他們的喜愛嗎？試想一下，一個外表豔麗的女人，腦海裡只惦記著男人的錢和一個舉止文雅、談吐大方的女人相比，哪一個更受男人歡迎呢？

許多拜金女們忽略了這一點，也忘記了中華傳統的女性美德，將擁有的地位或金錢做為人生幸福的標準，把奢侈和享樂當成追求的目標，不喜歡付出努力，總是想用最少的付出獲得最多的回報。

女人愛財，是男人奮鬥的動力，將辛苦打拚回來的錢交給女人，能夠看到女人臉上綻放的笑顏；女人愛財，用自己和男人賺回來的錢做為幸福家庭的基本保障；女人愛財，會和男人一起奮鬥，共同創造一個美好的未來。但是，女人不能拜財，更不能用錢做為衡量丈夫能力高低的唯一標準，也不能因為錢而做出出賣靈魂的事情，否則，毀掉的將會是自己的一生。

41 理財，從存錢做起

改變私房話 41

有人說，錢是掙來的，不是存下的；只有會花錢的人，才會掙錢。可是問題在於，沒有存下來的錢，怎樣去賺取更多的錢呢？

收入是河流，財富是水庫，花出去的錢就像流出去的水，家中水庫裡的財，一定是存出來的。存錢是理財的起點，如果不存錢，水庫裡永遠沒有水，永遠無財可理。要記住：所有的百萬富翁都是先有一元，然後才有九九九九九九元的。

兩個人，一個人月薪四萬元，由於開銷大，每個月要花掉三萬；而另一個人，每月只賺兩萬，但由於生活比較節儉，一個月只花五千元。十年後，前者擁有一百二十萬，而後者則有一百八十萬。積少成多，因此，每個人都必須明白一個道理：**決定最終財富的是支出，不是收**

入。很多人都有一個盲點，認為自己賺的錢就是自己的財，其實不對，只有省下來的錢，才是自己的財，花出去的錢如同潑出去的水，不再屬於自己。

理財一定要從存錢開始，養成量入為出的良好習慣。狄更斯小說《塊肉餘生錄》中的米考伯先生，曾有個歡樂與憂愁的固定共識，即：「進款二十英鎊，支出十九英鎊十九先令六便士，結果等於歡樂；進款二十英鎊，支出二十英鎊六便士，結果則為憂愁。」這個公式，正是安排家庭支出的重要原則，即量入為出。

陳女士帶著一筆錢去逛街，面對眾多琳琅滿目的商品，她心動不已。但是，慾望總是大於她的購買力，她既喜歡那剪裁合體、價值不菲的名牌服裝，也喜歡那鬆軟、厚實的純毛毛毯。但一想到自家的收入，她就轉而奔向自己需要、想買，又買得起的商品。她說：「能夠正視自己的能力，我感覺很欣慰。」其實這是一種真正的瀟灑。

女性總有一些小小的虛榮。有些女性不顧實力，好面子，為了滿足心理的虛榮感，不惜過著借債的生活，甚至壓榨父母。治家，首要是量入為出，慾望無邊，收入有限，只有適當控制物質慾望，歡樂才可能走入家庭。

養成存錢的習慣，一定要從年輕開始、從小事做起。講理財就一定不要做月光族，月光族每個月都吃乾花淨，以致無財可理。學會存小錢，才能積少成多。

讀大學時，每到學期末都是學生們最窮的時候，有些人甚至得借錢才有辦法搭車回家。班上有個女孩每到學期末時反而有盈餘。大家問她怎麼做到的，她的回答很簡單：「我只是在每次需要買東西時，問自己三次，自己真的需要這些東西嗎？」久而久之，大學畢業後，她的存摺裡已經有一筆不少的財富了，這也成為她人生中的第一桶金。

年輕是我們的本錢，金錢卻是年輕人面臨的首要挑戰。年輕女性必須在能夠承受的基礎上，做出適當的決策。不論是房屋、汽車、衣著還是娛樂等，都要與現狀相吻合。而且，年輕人的消費往往缺少計畫，經常讓小錢從指縫中溜走。

很多花費看起來是小錢，不過積少成多，積沙成塔，每個月各種小錢積存起來，也是一筆不小的收入。終歸一句話，要懂得珍惜錢，愛惜錢。你不愛錢，錢也不會愛你。要像愛護寶寶一樣珍惜所有的錢，那麼錢也一定會向你投懷送抱。

女性可以嘗試做一件事，將自己原本打算花出去、而又省下來的錢，都放在一個存錢筒裡，例如，原本想去美容又克制沒花的錢。然後每個月再省下一〇%的伙食費，也放在存錢筒裡。時間一久，小錢就會變成很多錢，從這些小錢存起，一定會有自己的第一筆儲蓄，這樣，在理財的道路上就邁出了第一步。

養成存錢的習慣，需要制訂強制的儲蓄計畫。

在每個月發薪水的第一週，儘量不要逛街。口袋裡一旦有錢，女人最不能控制的往往就是購物慾。而在這個時候，買的往往也不是自己最需要的。或是一雙款式類似，只是顏色不相同的高跟鞋；或是一件衣櫥裡早就有的同顏色襯衣；或是一條可有可無的圍巾。沒有買到真正需要的東西，但是錢包卻瘦了不少。將薪水先在銀行裡放置一段時間，把收入的一〇至二〇%轉成定存，這樣，女性的消費就開始逐漸轉成了理性消費。

小芝是一個非常典型、熱衷於時尚消費的中等收入年輕女性，沒有任何的儲蓄。她說工作四年來，只進過一次銀行，將之前儲下的兩千元領出來花掉了。而那兩千元錢只在自己的存摺裡待了一個星期。為了買一臺新的電腦，小芝專門請父母和姊姊去高級餐廳裡吃了一頓，順便商量借錢的事情。她說想借一萬元錢，希望父母和姊姊各借自己五千元。小芝的父母覺得非常難以理解，小芝的年收入是自己夫妻兩人的總和，居然連一臺電腦的錢也拿不出來。拿不出來也就算了，居然還要在那麼高級的餐廳吃飯。

面對父母的質疑，小芝不以為然：「請吃飯和借錢是兩碼子事情。請吃飯是為了一個愉快的氣氛，是為了連繫大家的感情。而借錢是因為我提前消費的生活觀，兩者並不矛盾。再說，我借貸的信用一向良好，你們大可以放心。」

像小芝這樣的女孩，現實生活中並非少數。歸根究柢，就是沒有任何的消費計畫，以致捉襟見肘。

一個很經典的案例，如果妳所在的公司效益不好要裁員，公司給妳兩個選擇：第一是離開公司，第二是只發妳原來薪水的九〇%。我想對九九%的人來說，都會選擇第二種方案，原來發一萬元，現在發九千元，一般人都能接受。所謂存錢，可以當作公司削減了妳的薪水，把原來薪水的一〇%存到銀行裡面，這樣就有了自己的第一筆儲蓄。就是說，存錢的習慣一定要堅持，持之以恆就會有效果，是一種從量變到質變的過程。

存錢可以上癮，看著日益增長的數位，有一種說不出的成就感。也有人說，錢是賺來的，不是存下的；只有會花錢的人，才會賺錢。可是問題在於，沒有存下來的錢，怎樣去賺取更多的錢呢？老一輩人常說：「會過日子的女人會存錢。」的確，想要理財，首要的任務就是存錢。

42 享受賺錢，才能享受生活

改變私房話 42

時間可以產生財富，
但是財富永遠也產生不了時間。
在時間的長河中，為了所愛的人享受賺錢的樂趣，
這也是生活樂趣的一部分。
只有會享受賺錢的女性，才是會生活的女性。

在現代社會，成為一個美女、才女還不夠，想要成為一個獨立自主的現代女性，還必須是一個「財女」。具有高財富智商的女性要懂得賺錢、理財，為自己創造一個安全美好的未來。如果賺錢是「1」，財富是「0」的話，只有有了健康這個「1」，財富的「0」才有意義。生活的目的不是為了賺錢，但賺錢的目的絕對是為了生活，為了享受更優質的生活。

在浮躁的現代社會，很多人並沒有真正意識到這一點。以前看張愛玲的小說《金鎖記》，女主人翁曹七巧出生低微，被貪財的兄嫂嫁到了大戶人家，成了一個癱瘓男人的老婆。在財慾和情慾的雙重壓迫下，最終性格被扭曲，陷入了金錢的枷鎖而難以自拔。她將所有的情感都寄託在斂財上，不但殘忍地破壞兒子和媳婦的婚姻，致使兒媳被折磨致死，還見不得女兒的幸福，無情地摧毀女兒的愛情。當時看完小說，很驚訝世界上怎麼會有這種母親。但是，見慣了光怪陸離的人間百態後，發現這種事情比比皆是，只是沒有人像張愛玲那樣深刻地披露出來而已。

正如《紅樓夢》中賈寶玉所說：「女兒是水做的。」女人天性就比男性要柔弱，而且敏感得多。一個將金錢看成手段、快樂是人生目標的女性，才能擁有更加從容的生活態度和更豐富的生活。如果將手段當成最終的目標，那麼人生永遠也追尋不到快樂。

一寸光陰一寸金，寸金難買寸光陰。時間可以產生財富，但是財富永遠也產生不了時間。在時間的長河中，為了所愛的人享受賺錢的樂趣，這也是生活樂趣的一部分。只有會享受賺錢的女性，才是會生活的女性。

擁有工作的女性，精神上有寄託，每天都能過得很充實。她不會追求工作的十全十美，而是盡力過好每一分鐘，讓人生的每一分鐘都積極發光。這樣，到了晚上她也能睡得安適甜蜜，因為她知道自己沒有虛度光陰。在工作中，女性找到屬於自己的自信，以及生存的價值。因此，生活在現代社會的女性，必須勇敢地挑戰傳統角色，尋找一份對社會有利的工作來做。

首先找出自己的興趣，只有做自己最感興趣的工作，才能真正享受工作帶來的樂趣。妳可以嘗試著回憶一下，在兒童時代最感興趣的遊戲是什麼，可能會幫助妳找到自己的興趣。

興趣是一個人力求認識、掌握某種事物，並表現出對參與某項活動興趣濃厚的心理傾向。有人對自然界的一切都很感興趣；有人對數字遊戲情有獨鍾；有人喜歡研究人的情感世界……不同的職業，需要不同的性格特徵。當人們找到了自己的興趣時，就會對該種職業活動表現出肯定的態度，積極努力投入到工作之中。

有個女學生，對語言有著濃厚的興趣。只要是跟語言學習相關的，她都能忘記周圍的一切，全心投入其中。到高一時，她已經掌握了五種語言。舉辦奧運會時，她參加了奧運志工的服務，讓她的專長得到充分發揮。一提到這項專長，她的眼睛就閃閃發亮，臉上散發出異樣的光采。

一項對全美國成功人士的調查表示：他們之中九四％以上的人都做著自己最喜愛的工作。一個對工作不滿的人，不管如何努力，都很難有良好的表現。無數事實證明：大部分人的失敗，都是由於工作的不適合。

一般來說，**興趣愛好廣泛的人，選擇職業的自由度就會相對大一點。廣泛的興趣可以促使他們瞭解和接觸多方面的事物，並發現自己的專長。當自己的特長被人發現並被稱讚時，往往能激發出更多的興趣。**

美國哈佛大學心理學家加德納認為，一個人的智慧是以組合的方式所構成，每個人都是具有多種能力的組合體，人的智慧是多元的，除了言語—語言能力和邏輯—數理智力兩種基本智力以外，還有視覺—空間智力、音樂—節奏智力、身體—運動智力、自我認識智力等等。

社會上的職業幾乎都對工作者的能力有一定要求。例如從事服裝設計、室內裝潢設計的人，必須擁有藝術感知力；電腦、統計、會計等職業，需要工作者擁有很強的計算能力；飛行員、舞蹈演員、運動員等需要具備眼與手的協調能力。尺有所長，寸有所短，每個人都有自己的長處和短處。在選擇職業時，如果不能從自己的專長出發，而是一味好高騖遠，反而無法找到適合自己的工作。

如果暫時找不到自己的興趣，也沒有找到自己的特長，可以嘗試從自己的氣質來尋找適合自己的工作。心理學家將人的氣質分為：「多血質」、「膽汁質」、「黏液質」和「抑鬱質」四種類型。不同氣質類型的人，在生活和工作中會表現出不同的心理活動和行為方式。

很多公司在用人時，喜歡用心理測試來判斷面試者的氣質，目的就在於選擇最適合的人選。氣質本身並沒有好壞之分，每種氣質都有積極的和消極的一面。「多血質」的人外向、活潑、反應靈敏，喜歡人際交往；「膽汁質」的人精力旺盛、脾氣急躁、容易衝動。這兩者都比較適合一些要求做出迅速、靈活反應的工作，例如新聞工作者、銷售人員等。

「黏液質」的人安靜穩重、沉默寡言，顯得莊重；「抑鬱質」的人性格內向、行動遲緩，善於觀察他人不易察覺的細節。這兩類適合要求比較細心的工作，例如醫務工作者、會計等。

氣質具有相對的穩定性，通常是與生俱來的，但是經過人生的歷練，也有可能發生改變。

一般來說，純粹屬於某一氣質類型的人很少，大多數人都是一種為主，其他幾種氣質類型兼具的混合體。

除此以外，也可以從性格來尋找適合自己的工作。性格是由人的各種行為習慣特徵所組成的有機統一體。性格與氣質不同，其社會評價有明顯的好壞之分。有些工作會對性格品質有特定的要求，要求某一職業必須與性格相符。

傳統型的人在事務性的職業中最常見。這一類人有很強的組織紀律性，喜歡擁有明確的目標，並且有很明確的道德價值觀；藝術型的人不喜歡受到約束，有很強烈的直覺、主見，對音樂、藝術、文學、戲劇等方面有特殊偏好；社會型的人喜歡與人打交道，願意在秩序井然、制度化的工作環境中發展人際關係和工作。社會型的人適於從事護理、教學、市場行銷、銷售、培訓與開發等工作；創新型的人自信、有雄心，精力充沛，他們喜歡領導和控制別人，其目的是為了達到特定的組織目標；現實型的人真誠坦率，講求實力，但缺乏洞察力，容易服從別人，適合從事技術方面的工作。

事實證明，只要妳願意，每個女性都能找到適合自己的工作。有些女性因為從小被當成公主一般養著，所以缺乏獨立自主的訓練，或由於找到了有錢的老公，而不願意出去工作。長此以往，會逐漸失去獨立思考的能力，與整個社會脫節。

43 適當消費，避免債務危機

改變私房話 43

女性的消費往往比較感性，容易衝動購買，對於女性來說，建立合理消費的觀念，既是對自己的保障，也是對家庭的保障。

女性一直是消費者市場的主力。相對於男性的理性消費而言，女性的消費更顯示出明顯的感性特徵。女性消費者們經常陷入這樣的窘況，明明事先列好了購物清單，在商場或超市逛了一圈下來，購物車裡裝得滿滿的，但清單上的東西一樣都還沒買。

經常聽到身邊的女性朋友抱怨，每月的薪水不夠花，根本存不到錢，哪裡談得上理財呢？現在的年輕女性，重視裝扮、身材、健康……所有這一切都需要錢。偏偏每月薪水匯入帳戶，消費又在刷卡的過程中不知不覺流失了，根本感受不到錢被花掉了。許多女性一直到月底才發現戶頭裡一毛錢也沒有。

會花錢的女性是婆婆最害怕的媳婦類型，會被認為是不會持家的典型代表。因為在大部分家庭裡，女性都是消費的主體，直接影響著一個家庭裡的收支平衡。「債務危機」是近年來破流行的詞語，其實國家有債務危機，家庭也有。尤其是當「貸款」出現以後，先花明天的錢成為一種流行，家庭債務危機越演越烈。嘗試著回答以下三個問題：

❶現階段，妳或妳的家庭的現金流走向如何，是收入大於支出嗎？

❷除了在股票、房產、基金等方面的資產，妳或妳的家庭在銀行中有沒有活期存款？這筆款項的數額，是否能滿足未來半年的生活需要？

❸每個月薪水發下來後，妳或妳的家庭還清所有貸款，包括信用卡債務後，所剩下來的資金是否還能自如地運用於投資、儲蓄、生活各個方面，而不必縮衣節食？

如果以上三個問題的答案都是肯定的，那麼恭喜妳，妳或妳的家庭沒有陷入債務危機。如果三個問題中有一個或一個以上的答案是肯定的，請當心，或許妳已經被債務危機困擾了。想避免債務危機，首先要改變消費觀念和消費習慣，才能讓自己免於陷入困境。

❶表明自己追求財富的決心

越早建立理財的意識越好，而且任何時候開始理財都不算晚。「思想決定命運」，只有真正下定理財的決心，才能讓自己更有錢。無數在商界獲得成功的人，幾乎都是對財富的追求充滿興趣，並表現出了強烈的決心與毅力。對於女性來說，或許不需要像成功商人一樣，但至少每天告訴自己：我需要理財，我要讓自己和家人過得更好。

❷堅持先儲蓄再花費

有很長一段時間，由於受到西方國家的影響，許多人都認為提前消費是一種時尚。這是一個廣為流傳的故事：一個華人老太太和一個美國老太太在天堂相遇，華人老太太說：「我存夠了三十年的錢，晚年終於買了一棟大房子。」美國老太太說：「我住了三十年的大房子，臨終前終於還清了全部貸款。」這個故事一度給人很大的衝擊，暗諷華人不懂提前消費貸款買房子享受。

然而，現實情況是怎樣的呢？泰勒是美國一家雜誌的資深編輯，金融危機爆發後，他的個人資產損失慘重。股票市價攔腰斬，退休金帳戶縮水近三分之一，房屋市值損失超過四分之一。更讓他擔憂的是，他所任職的雜誌可能會改變經營方式，只出網路版，年近花甲的泰勒不知道該怎樣面對接下來的歲月。他表示：「我要把每一分沒花的錢存起來，只有增加儲蓄才能增加我的安全感。」美國價值觀學會主席也曾發表評論說：「在過去的幾十年，多數人在金錢的思維上以負債為導向，花的比賺的多……這種思維方式或許將逐漸終結。」

因此，**養成良好的儲蓄習慣，才是理財的開始**。女性們可以核算出每個月必要的消費後，計算出理想情況下應該結餘的資金，然後將這些結餘的錢零存整付儲蓄起來，或定期定額投資。持續下去，在這種強迫性的習慣下，就可以有效地在計畫的時間內先累積一筆小財，再用小財賺取大錢。

❸有計畫地使用信用卡

信用卡是借貸消費下的產物，而且具有更大的欺騙特性。信用卡的出現，為很多人的消費生活帶來了方便和樂趣，尤其是女性，沉迷於刷卡生活帶來的快感。但每個人必須清醒地認識到，信用卡只是一種工具，消耗掉的仍然是我們的現金。

在任何衝動的情況下使用信用卡，只會讓自己的債務積少成多，直到再也無力支付。在計畫消費的前提下，才能發揮信用卡的優勢，信用卡不會縱容任何人的揮霍。

四十六歲的美國人凱特對信用卡有著莫名的恐懼，她曾背負數萬美元的信用卡債。她說：「我每次走向郵箱時，心都在顫抖。那種害怕收到帳單的感覺一直到現在還記憶猶新。現在我學會了只用儲蓄卡付款，不買那些我買不起的東西，感覺輕鬆多了。」同時，她還說：「有太多的人正在透支自己的生活，購買超出自己支付能力的東西。那只會讓他們自食苦果。」

❹改變消費對象

現在人們的消費理由早已超出了「需要」的範疇，而是越來越重視生活品質和生活品質。奢侈舒適的生活是人們奮鬥的目標，提早貪圖奢侈的生活只會讓人背負著精神的龐大壓力。

據說在日本街頭，每三個女性中就有一個女性背著LV的包包。為了支付昂貴的皮包，許多人必須靠借貸度日。LV做為奢華品牌的象徵，居然成為了日本的街頭裝扮。讓人感嘆不知道是日本女性太有錢，還是太虛榮。

重視高品質的生活原本無可厚非，問題是自己有沒有這個能力。如果為了一個奢侈的包包而讓自己餓肚子，導致基本生活品質下降，無疑本末倒置。因此，在考慮買車、購房等重大消費時，最好有充分的預算，不要只有表面的風光，實際卻很潦倒。

嘗試著將部分花在裝扮、吃喝、娛樂上的錢轉而追求新的知識上。在知識決定成敗的今天，女性可以嘗試用另一種方式來武裝自己，好好培養自己適應社會的能力，將會比僅僅花費在錦衣玉食上更有意義。

英國二十七歲的單身母親凱利任職於一家非營利性教育組織，在金融海嘯中，該組織失去了贊助，凱利也失去了薪水。凱利表示，經濟危機讓她學會了全新的生活方式，她明白了「想要」和「需要」之間的區別。「過去，我常常隨意購物，現在我知道，我不需要買三雙同一款式但不同顏色的鞋子。」

「量入為出」是華人社會傳統的價值觀念，一度受到西方國家的抨擊，在金融危機時，卻顯現出了很大的威力。對於女性來說，適度消費既是對自己的保障，也是對家庭的保障。否則等到債務危機來臨時，後悔也來不及了。

44 品味生活，不一定要奢侈

改變私房話 44

過日子不能一味地省錢，該花的就必須花，否則就是小氣了。但是，想過有品味的生活，不等於需要揮霍大量的金錢。

賺錢的目的之一是為了享受生活。想過有品味的生活，不一定就得耗費大量的金錢。真正有品味生活，是花最適當的錢，享受最舒服自適的生活。

前文我們提到，先要存錢才能理財。但是，過日子不能一味地省錢，該花的就必須花，否則就是小氣了。尤其是年輕女性新建立的家庭，如果只知道精打細算，生活就會變得十分無趣。

過日子，首先是三餐吃食。菜市場的菜比超市挑揀過、包裝好的菜要便宜，但是，如果勞累了一天，下班後買了菜再回家挑菜、洗菜會花費不少時間。甚至等把飯菜做好，肚子早就餓過頭了，所以，如果時間比較緊張，寧願多花一點點錢選擇超市的菜，吃完飯還可以看書和上網，讓生活更充實。

此外，要保留一定的精神糧食預算。對愛好旅遊的人來說，逍遙於湖光山色之間，就是一次絕妙的精神享受；對於喜歡讀書的人來說，買幾本好書的意義遠大於吃一頓大餐；而對於愛好電影的人，坐在電影院裡欣賞電影能讓自己得到身心放鬆。儘管這些精神享受需要一定的金錢的支援，但是只有讓自己的精神得到充分放鬆，才能更投入工作。

莉莉和老公約好了每個月看兩次電影，每次發薪水，她會事先撥出看電影的票錢。她說，和老公一起看電影，感覺兩個人又回到了相戀時。不僅如此，她覺得生活和工作的壓力原本就很大，如果連這個小小享受都被剝奪了，感覺生活一點意義也沒有。

聰明的女性會適當地分配收入，每月安排一定數額的娛樂消費，以收入的五至一五％為宜。這筆費用不能太高，太高則影響到了存錢、理財計畫，也不能過少。如果當月沒有用完，可以將這筆費用挪到下個月，將其做為個人或家庭的「娛樂基金」。

當精神得到充分的養護後，接下來將全方位剖析女性如何利用有限的金錢提高生活品質。

幾乎沒有女人不喜歡服裝，香港女人將「shopping」譯成「血拼」，實在是太精闢了。女人在購物時的瘋狂，用這兩個字表達再傳神不過了。很多女人都有這樣的經驗，不打折時拚命壓抑自己的購買慾望，等到打折時就像「猛虎下山」一樣，勢不可擋。

其實，在折扣季發洩購物慾望，看起來似乎是自己賺到了，但真正把衣服拿回去，經常會發現衣服並不適合自己。聰明的購物方法，可以只用平時一半的價錢，買下一整季所需的服裝。在購買服裝前，首先要掌握流行趨勢。沒有女人願意花錢買過時的服裝，即使是專家也很難預測下一季的流行走向。但是透過收集流行資訊，至少可以清楚地掌握下一季的流行重點，再來選擇適合自己的服裝，即使稍微貴一點，也不會讓錢花得太冤枉。

在購買之前，一定要做好預算。很多女人碰到打折就失去了理智，為了避免沒有計畫亂買一通，最簡單的方法就是設定好預算。不要隨身帶著信用卡，需要多少錢就帶多少錢，這樣可以有效地控制自己的購買慾。

還要注意特賣服裝的期限。如今，幾乎各大商場都設有服裝特賣場，銷售過季或不流行的服裝，甚至一些國際知名品牌也在這裡以低價處理庫存。想要追求名牌又想少花錢的消費者經常光顧折扣商店。但是請注意，在特賣場購買服裝也要注意服裝的「保質期」。這裡包含兩層意思，一是服裝即將過時，穿不了多久；另一層意思是，有些服裝放置久了，質料會發生變化，不僅失去了原有的質感，而且容易起皺，一穿就變形。貌似自己佔了便宜，實際上得不償失。

日本人買服裝的方法很值得我們借鑒，他們會將置裝費分成三份：一份用於購買經典名牌，多數在換季打折時買，可便宜一半；另外一份用於購買時髦的大眾品牌，如條紋毛衣、百褶裙、襯衫等；最後一份花在購買便宜的無名服飾上，如造型別致的T恤、褲裝等，可以根據自己的美學觀點進行挑選。有時，從一些籍籍無名的小店裡買來的服裝，配上名牌的服飾，才具有創造性，能夠大大地顯示眼光和品味。

在購買生活用品時，也要充分考慮到划不划算的問題。事實上，在平時消費的過程中，究竟怎樣判斷貴賤，有時很難說清楚。

一幢新蓋的大樓，對門搬進了兩家住戶。大家都興高采烈，將新房子進行全面裝潢，並添置了一堆新家具。第一家把新房子裝飾一新：不僅貼上了亮麗的壁紙，而且電視機、冰箱、洗衣機一應俱全，家具也是整套的買。家電是優惠價，家具也是特賣品，比平時將近便宜了一半，來恭賀的人讚不絕口，連連稱讚主婦會過日子。

第二家只買了一些簡單的家具：席夢思床、一套組合音響、一套簡單的家具，花的錢與第一家一樣。但這幾件，都是貨真價實，每一件的檔次都不低。

一年以後，再次上門的客人就發現兩家產生了差距。第一家的家具走了樣，上面的漆有點脫落了；電視機也壞了，正在維修中。之前的特賣品以及劣質貨彷彿雞肋，食之無味，棄之可惜。而第二家，在生活的過程中，陸陸續續增添了一些新東西。在買時，考慮到了原有的東西，使顏色和樣式都有一定的協調性，看起來彷彿是配套的。

有句老話：「省的費，賤的貴，貴中有賤，賤裡藏貴。」想要過有品質的生活，花錢必須用心。用得著的，只要價格合理，只要買得起，多少錢也買；一時買不起的，也沒必要強求，可以少買幾件，以質取勝。在花錢買家具、電器等耐用消費品時，尤其要用心，假如用個三年到五年仍能夠保持原有的品質而且不落伍，那麼可以選擇購買。這樣就不用總是重複花錢趕潮流，服裝的潮流還可以趕一趕，家具、電器的潮流可趕不起。

在購買小件商品時，一定要選擇最佳的購買時機出手。每一種商品從前期研發到最後退出市場，總要經過研製開發—小批量生產—大量生產—市場萎縮這幾個階段。前兩個階段的產品往往成本比較高、售價貴，如果選擇在這個時期購買，固然可以搶個「新潮」，但付出的金錢也很多。而等到大量生產時，價格降了，性能仍然保持原有的狀態，這個時候再買非常划算。

就像手機，十幾年前的手機是幾萬元一支，外觀難看，性能也一般，除了打電話、傳簡訊，幾乎沒有別的功能。隨著手機市場的不斷開發，現在幾千元就能擁有一臺外形美觀而且性能良好的智慧型手機。對於剛上市的產品，如果不是急需的話，不妨再等等，因為任何商品最終都會走向市場飽和，同類產品競相降價，那時候再買，才是真正的物美價廉。

總而言之，要想花比較少的錢享受真正有品質的生活，必須把握住幾點：一、是否真正需要這件物品；二、如果需要則儘量選擇高品質、有保證的產品；三、如果超出了消費能力，不如耐心等待，存夠錢再購買。

45 做投資者，別當投機者

改變私房話45

女性，由於與生俱來的敏感持質，往往比男性更感性，也沒有男性豪賭一場的氣魄。因此在理財的過程中，最好運用自己的智慧選擇投資，不要投機取巧。

從經濟學的角度，投資和投機都是一種理財方式，只是所採取的方法不同而已。在股票市場中，通常把買入後持有較長時間的行為稱為投資，而將短線客稱為投機。投資家和投機者的區別在於：投資家看好有潛質的股票，長期投資，既可以趁高拋出，也可以享受每年的分紅；而投機者熱衷於短線，急功近利，透過炒作牟求暴利。

投資往往是基於理性分析，而投機則更偏重於賭博性質，勝則為王，敗者為寇。女性由於與生俱來的敏感特質，往往比男性更感性，也沒有男性豪賭一場的氣魄。因此，在理財的過程中，最好運用自己的智慧選擇投資，不要投機取巧。

想要做一個合格的投資者，首先必須充分掌握市場的資訊。社會上的每個轉變，表面上起來似乎毫無關聯，實際上卻環環相扣，彼此間有很緊密的關係。瞭解各行業的發展趨勢，有助妳建立自己的事業。

十幾年前，社會上還沒有普遍流行名牌，而最早引進一系列名牌產品的公司，都以名牌的宣傳手法推廣產品，後來終於獲得成功，讓人不由得讚嘆那些公司的獨到的眼光。這些眼光正是來自個人對資訊的搜集和對市場的理解。每個人的資訊都是有限的，不能看到所有行業情況，但是最低限度必須瞭解與自己所從事的行業及與之相關行業的情況，這樣才能找到創新的構思。

有一個小男孩在十二歲時，開始了人生的第一次生意冒險。為了省錢，他不再從拍賣會上購買郵票，而是說服鄰居把郵票委託給他買賣，然後在專業刊物上刊登賣郵票的廣告。這個做法讓他賺到了兩千美元，對當時的小男孩來說，這可是一筆鉅款。這筆生意讓他第一次嚐到了「直接跟客戶接觸」的好處。因為沒有中盤商的層層剝削，可以讓自己賺到更多的好處。

等他長大後，他代理銷售IBM電腦，他用一千美元正式註冊了自己的公司。在銷售的過程中，他取消了中間環節，直接接觸顧客，做直接銷售，讓價格高得離譜的電腦價格降了下來。靠這種模式，他獲得了巨大的成功。從一九八四年正式註冊公司，到一九八八年公司正式上市，到一九九二年，公司憑藉出色的業績，入選《財富》雜誌全球五百大公司的行業，只花了短短幾年的時間。這就是戴爾公司的成長歷史。

幾乎所有成功人士在成功的道路上都有一個共同的規律，知道自己要什麼，能夠看到機會，並且抓住機會。

社會是不斷前進的，追求潮流的人，才可以與社會同步前進，否則不進則退，很容易被同行超前，甚至被淘汰。女性在做生意時，由於具有比較敏銳的時尚觸覺，往往很容易抓住當下最流行的東西，但是，女性也有一個致命的缺陷，就是不夠果敢。我們身邊不乏這樣的女性，想法很多，但是真正做的卻很少。在順應潮的過程中，需要準確的判斷力，女性往往就是因為缺乏判斷力，才導致自己錯失良機。

一份事業，剛開始很難判斷到底能不能賺錢。人們常常只看到冰山一角，認為自己的事業已經那麼大了，不需要進一步開拓。實際上，也許自己的事業只碰到了銀山的一個小角落，繼續向前走，才能看到一大片銀山。

掌握了市場動向，打算進行投資的女性，還需要掌握以下方法和技巧。首先是有堅定的信心和耐心，這是投資創業的必要條件。不經歷風雨就看不到彩虹，做生意往往也要經過無數大小挫折，不能經受挫折的人，絕對不能做生意。

媛媛二十三歲時隨著老公來到臺北。老公在政府機關工作，而她一直沒有找到合適的工作，在家裡無所事事。那時，股市行情不錯，街上到處可以聽見人們談論股票。媛媛與老公商量後，決定拿出十萬元投資股市。購買第一檔股票，感覺是糊里糊塗就買了。在兩個星期裡，別的股票都漲得如火如荼，只有這檔股票，幾乎沒有什麼動靜。媛媛按捺不住，打算將股票出手，換成別的股票。沒想到，就在這個時候，股票不僅動了，而且每天都排在漲幅榜名列前茅。累積漲幅達到六○％，她尋找一個合適的機會將股票全部賣掉，狠賺了一筆。透過這次，她明白了，買賣股票一定要沉得住氣，要能夠忍得住外界的誘惑，有時，賺錢和賠錢也許就在一念之間。

隨後的幾個月，她又先後購買了幾檔股票，都獲得了不錯的收益。然而股市並非總是美麗的，接下來購買的幾檔股票都一路狂跌，她的股票市值也大幅縮水。看著股票一天一天下跌，李媛媛終於清醒地認識到：迴避市場風險是何等重要。

經過反反覆覆的成功、失敗，媛媛掌握了一些炒股的基本規律。後來股市大跌，成交量極小，媛媛知道進場時機差不多了。她說：「股市每一次大幅震盪，都孕育著巨大的獲利機會，就看你是否敢於承擔相應的風險。」經過反覆的分析，她再次出手。這一年，成為她人生中最風光的一年，也是她走向成功的一年。

如今的媛媛已經身家數百萬，在股市已經實現了自己的夢想。她擁有了屬於自己的房子和車子，也擁有了自己的公司，幾年的炒股經歷是她人生中一段寶貴的財富。在股市中，她學會了忍耐、學會了思考、學會了分析和判斷。經過得與失、成與敗的洗禮後，媛媛在股市中變得更加成熟。

當賺得了一筆錢後，別把賺來的錢揮霍掉，而應該用錢滾錢，再次進行投資。許多女性容易犯一個錯誤，當賺得自己認為足夠多的錢後，就開始過起了養老的生活。然而坐吃山空，再多的錢，沒有進、只有出，很快也會不見的。

一個朋友的姊姊，在結婚前是某產品的區域行銷經理，人長得漂亮、能幹。她一直有個夢想，存夠錢後就結婚，做全職家庭主婦。可惜遇人不淑，老公賺錢的能力比自己差多了。在結婚時，老公家買好了新房，她拿出自己所有積蓄買了最好的家具，做了最好的裝潢。婚後家裡經濟狀況不好，入不敷出，夫妻兩個經常為了一些小事爭吵。朋友的姊姊非常傷心，恨不得與老公離婚，可是孩子還小。而且待在家的時間久了，也不知道自己能不能適應社會。她很茫然，很想離開老公獨自生活，可是手上又沒有錢，已經失去了獨立的能力。

女性是感性的，在生意場上，最忌諱的是隨意賣人情，將會對事業造成莫大的傷害。女性喜歡憑藉感情做事情，一件事情，明明知道無利可圖，可是因為朋友的關係，心存僥倖，結果可想而知。

在進行投資時，一定要保持頭腦的清晰，用自己的智慧進行適當分析，把握市場的潮流和趨勢。不能過分相信別人或依賴別人，這只會讓自己陷入被動。也不能見利忘義，數人合股，見其有利可圖，就想捨棄合夥人而另起爐灶。

許多女性有一種安於現狀的感覺，總認為有錢就多花，沒錢就少花。無數事實已經證明了：經濟時代如果不會賺錢，沒有理財投資的觀念，那麼妳注定是一個失敗的女人。

46 提高理財意識的同時，記得評估風險

改變私房話46

現代女性應該有清楚的認識，無論是自己的親朋好友，還是自己最親密的丈夫，都不是最穩固的靠山。

一旦投資或理財失敗，沒有哪個親朋好友會替妳彌補損失，同樣，一旦感情變質，很可能心被傷了不說，還會落得一無所有。

華人社會有句老話，叫做「男人是耙子，女人是匣子」，男人在外面賺錢，女人在家裡做個好管家就可以了，賺錢是男人的事情，與女性無關。其實，前文我們已經講過了，女性不僅需要理財，而且會理財的女性，還能展現出不一樣的魅力。女性理財，可以幫助男人減輕身上的壓力，共同打造一個幸福的家庭。

但是在很多時候，女人的理財意識並沒有徹底發揮出來，造成這種情況，主要是由於女性

本身的特質，造成投資理財方面存在一些盲點。

首先是缺乏理財意識，這一點與大多女性態度保守、不敢創新有很大的關係。許多女性認為，男人把錢交到自己手裡，自己的責任就是把錢趕緊存入銀行或鎖進保險箱。看到日益增長的數字，心裡有一種莫名的喜悅，除此以外，什麼都不管。也有某些女性想要做理財規畫，但是不相信自己的能力。態度保守，甚至對理財心存恐懼。

調查顯示，一般女性最常使用的投資工具是儲蓄存款和保險。這樣的投資習性可以看出，女性在尋求資產的「安全感」時，往往忽略了「通貨膨脹」這個無形殺手。通貨膨脹讓存放在銀行裡的錢逐漸貶值，不僅定存的利息被吃掉了，長期下來可能連本金都保不住。

其次，許多女人堅持「男人是天」的觀念，將男人看成終身的依靠。在很多情況下，女性在交出自己情感的同時，也不自覺地將自己的經濟全盤托出，拱手相讓。除此以外，女性的依賴性還表現在不瞭解自己的財務需求，常常跟隨親朋好友進行相同的投資，往往只要結果，不去問過程。這樣的投資明顯地將自己的身家押在別人身上，無論是成功還是失敗都非常盲目。

現代女性應該清楚地認知，無論是自己的親朋好友，還是自己最親密的丈夫，都不是最穩固的靠山。一旦投資或理財失敗，沒有哪個親朋好友會替妳彌補損失，同樣，一旦感情變質，心被傷了不說，還會落得一無所有。

最後，許多女性在理財時，表示自己沒有時間。大多數女性在工作時需要承擔職業女性的職責，下班後還必須是個全能的太太、媽媽和管家，這些事情做完已經體力透支，自然無暇研究投資大計。正因為如此，許多女性腦海裡往往有許多想法，但只是曇花一現，很快就被瑣碎的事情所替代。想投資做生意、買股票、買基金，也明白投資理財的好處，但總是只有心動沒有行動，無法邁出第一步。事實上，這些都是在理財過程中的藉口，所謂「你不理財，財不理你」。在日常生活中，理財的方法和手段有很多，關鍵是看妳是否有理財的意識。

其實在理財方面，女性具備男性所沒有的細心和耐心，關鍵是要擺脫以上的錯誤認識，提高理財意識，才能有效規避風險。

第一步，相信自己的能力，瞭解財富對於自己的意義。有一句話說：「越是有錢的人，越是吝嗇。」有一次，華人首富李嘉誠去印度出差。到了一家酒店下車，在掏手帕時，不小心弄丟了一塊錢硬幣。剛好硬幣立起來繞著圈滾進下水道裡了。李嘉誠想也沒想，就走到下水道的人孔蓋旁試圖將硬幣撿起來，但是手又伸不進去。他找來一根鐵絲，但還是搆不上來。這個時候，一個印度服務生看到這個情況，走過來幫忙，李嘉誠很快將硬幣撿起來了。

李嘉誠拿回硬幣，高興地從錢包裡掏出一百元給服務生當小費。那個印度服務生覺得很不可思議。後來李嘉誠跟子女談起這件事，道出自己這樣做的原因，「假如我不把那枚錢找回來，那枚硬幣在這世界上就永遠消失了。我掏出一百元就為了找回那枚硬幣在世界上存在的應有價值，我雖然損失了一百元，但這一塊錢的價值還一直在世上流通著！」

一塊錢，也有屬於一塊錢的價值，只有尊重每一筆錢，尊重每一分錢的存在，才是真正瞭解財富的價值。不要因為財少而認為沒有理的必要，也不要因為財多認為不需要去理。事實上，現實生活中很多的例子告訴我們，絕大多數富商並不是生來就含著金湯匙的，許多人都經歷過貧窮和艱難困苦，最終才獲得成功。要想擺脫窘迫的現狀，相信自己，建立理財的觀念非常重要。

第二步，明白自己的需要，擬定適當的理財計畫。在制定理財計畫之前，先要持續地、有條理地記錄自己的財務狀況，這對於自己制定理財計畫十分重要。首先是衡量自己所處的經濟地位，這是理財計畫的基礎。瞭解家庭裡的經濟大權掌握在誰的手中，自己手中可以支配的經濟情況又是如何。最好建立一個檔案，可以知道自己的收入情況、淨資產、花銷及負債情況，明確價值觀和經濟目標。

然後，有效改變現在不合理的理財行為。專家指出，女性比較常見的有效地理財方式主要有以下四種。

❶ 購置房產。買一幢房子，擁有一筆讓自己安心的固定資產。買房子也是一種投資，妳可以將房子租出去，也可以等到房價上漲時，將房子賣出去，無論怎樣，都是一筆比銀行儲蓄多得多的收入。

❷ 投資股市。雖然股市的風險比較大，但是機遇也隨之增大。如果手頭上比較寬裕，可以投資部分資金到股市。如果妳沒有抗拒大風險的能力，也可以採取組合投資股票的方式，別把雞蛋放在同一個籃子裡。

❸ 購買國債。購買國債幾乎是零風險投資，但是妳一定要對近幾年的財務支出有個預測。

因為有的債券期比較長，如果盲目購買長期債券，短期內遇到較大的支出，就容易打亂原有的理財計畫。

❹銀行儲蓄。永遠保留一點錢放在銀行中做為急用經費。將自己收入的一〇至三〇%左右存入銀行，以備不時之需。儲蓄以定存為宜，利息收入再投入儲蓄本金。如此一來，即使其他的投資失敗了，也可以衣食無憂。

第三步，不斷學習理財知識，避免盲從盲信。許多女性認為投資理財是一件很困難的事情，需要專業知識，自己不會駕馭，因此懶得投入心力。實際上，要取得投資理財方面的成功並不需要太專業的經濟知識。

理財專家給女性的理財建議是，只要把握以下兩個成功祕訣，就能獲得不菲的收益。

第一是做別人沒有做過的事業。世界上最容易獲利的事情，就是搶先下手做別人還沒有做的事情。各行各業都存在一些不起眼、但可能有無限商機的機會，只要看準了去做，都會獲得比較大的收益。這個前提是妳必須去瞭解市場，把握社會脈動。

第二是走別人不敢走的路。這種現象非常普遍：看別人有錢以後，就盲目模仿別人的方法，這樣是沒有辦法獲得大利潤的，只不過是在成功者背後撿些別人漏下的小錢罷了。

以上兩個成功祕訣說起來容易，其實做起來非常難，需要一定知識和經驗的累積才能夠達成。

第四步，堅持選定的理財方式，並且堅持下去。在理財的過程中，幾乎所有人都遇到過挫折，「剩者為王」，堅持到最後的人往往也是最終獲得成功的人。

按照以上理財步驟去進行，就能夠有效避開風險，創造一個屬於自己的美好未來。

47 選購合適的保險，保障完美人生

改變私房話 47

保險相當於房子的基石、或人的內衣，是最後的保障，女性理財規畫的順序一定是：先存錢，再保險，後理財。

人們常說，只會賺錢的人，並不是最聰明的；而一個善於理財和懂得分散風險的女人，才是最聰明的女人。保險無疑能化解未來不確定的風險，所以在女性的理財過程中，也不應忽視這個重要的工具。

對每個人來說，保險意味著什麼？曾經聽一位知名大學的教授講授禮儀課程，她談到，她非常熱愛自己的生命。每次到各個地方開辦講座時，如果有可能，她總是盡可能坐在司機後面的位置上，並且在行駛過程中，她總是盡可能保持清醒，協助司機觀察周圍的環境，避免發生意外狀況。她說：「我深知我現在是一個家裡的支柱。我要當丈夫的好太太，要做好孩子的好媽媽，還有贍養雙方父母的責任，我對自己不負責任，就是對他們的不負責。」

天有不測風雲，誰也不知道將來會發生什麼事情。二〇〇一年九月十一日，美國曼哈頓世界貿易大樓遭恐怖份子襲擊，被稱為世界之最的雙子星大樓，轟然間倒塌，在此次事件中遇難的工作人員無論如何也沒想到，那天出門後將結束人生所有的旅途。

儘管我們不希望這樣的事情發生，但對於未來，仍要做一個理想的計畫，要為明天的風險投保。在這個機遇多、風險更多的社會裡，計畫趕不上變化的事時常發生，而「今朝有酒今朝醉」是家庭理財的大忌。所以要為自己買保險，保險是理財的重要手段，但不是全部。

理財就像打一口井，為你的水庫注入源源不斷的水源，但是光打井還不夠，還要為水庫修個堤壩——預防意外、住院、大病的侵襲。

一個朋友害怕坐飛機，如果可以，她總是盡可能選擇火車做為遠程的交通工具。她說，如果時間非常緊急一定要坐飛機的話，每次飛機降落時，她都在心裡感謝上天，生命又重新掌握在自己手中了。因為不知道在天上會發生什麼事情，每次坐飛機她都會買充足的意外險，這是給家人的愛心和責任。

保險相當於房子的基石，是最後的保障，女性理財規畫的順序一定是：先存錢，再保險，後理財。

各國的統計資料都表示，女性的平均壽命一般比男性長五到八年，從養老的角度考慮，更長的生命週期意味著女性在養老和醫療方面有更多的風險。而女性無論是在職場還是在生活中，一切都需要健康的身體和積極的心態為基礎。因此，未雨綢繆，有必要提早為自己購買一份保障，在關鍵時候，保險往往能發揮「以小搏大」的作用。

一般來說，女性在不同年齡層、不同處境下所承受的風險不盡相同，因此，在人生不同階段，購買保險也要有所側重。

未婚階段，應該選擇意外險、健康險（包括女性疾病保險等）、養老保險。如果考慮到父母的養老問題，還可以選擇定期壽險。已婚未育的女性，應選擇包含有妊娠期疾病險和新生嬰兒險的產品。而處於穩定婚姻期的女性，通常有了較固定的工作收入，對於生活也有了更長遠的規畫和期待，此時可以結合另一半的經濟和收益情況，仔細考慮購買的險種。

首先是單身女性，可以選擇保費比較低的純保障品種，保費最好不超過年收入的一〇％。對於三十歲左右的單身女性而言，此階段的收入可能相對比較少而且不穩定，因此應該多以保障自己為前提。

這個年齡層的女性，屬於時尚潮流的中流砥柱，往往熱衷於嘗試多種有別於傳統儲蓄的理財方式：基金、股票、黃金、房產等，保險往往被忽略了。她們認為保險賺不了錢，而且自己還年輕，等年紀大一點再投保還來得及。

其實這是一種錯誤的觀念，瞭解保險的人都知道，越早投保，承擔的保費就越低，而且，保險也不應該當成賺錢的工具，它只是對人生的一種保障。此階段的女性，建議選擇保費比較低的純保障型壽險附加住院醫療、防癌健康險，以及意外險。這類險種大多屬於純消費型的產品，屬於最普通的產品。

對於愛美的女性，也可以選擇意外整容、整形手術等治療所發生的費用，能夠有效避免由於整容整形所帶來的巨大經濟損失。

女性結婚後，還沒有開始懷孕時，一定要提早進行投保。一般來說，懷孕後再投保，保費會比較高，而且產品的選擇也會變少。對於打算生孩子的女性來說，如果覺得懷孕期間有保險需要，最好在計畫生育期間就去投保女性險，以便保障期可涵蓋妊娠期。因為女性懷孕二十八週後，保險公司原則上不受理醫療保險、重大疾病保險，以及意外險，只受理不包含懷孕引起的保險事故責任的普通壽險，且在投保時須進行普通身體檢查。

對於準媽媽來說，她們可以投保專門為孕婦以及即將出生的小寶寶設計的母嬰健康類保險，二十週至四十週且懷孕、未滿二十八週的孕婦均可投保。這類保險一方面對孕婦的妊娠期疾病、分娩或意外死亡進行保障，另一方面，也對胎兒或新生兒的死亡、新生兒先天性疾病或一些特定手術給付一定的保險金。

針對已經懷孕生子的女性來說，由於需要考慮到家庭經濟及子女教育等問題，可以從健康醫療、子女教育、退休養老等三方面的費用來考慮保險產品。

隨著年紀的增加，女性得婦科重大疾病的風險增大，可購買專門的女性終身壽險和女性醫療險。已婚職業女性通常有較固定的工作收入，對生活也有更長遠的規畫，因此，可以和丈夫一起規畫如何選擇保險。

如果是全職主婦，在購買保險時，應該首先考慮丈夫。丈夫是家庭經濟的主要或是唯一的來源，建議在保險規畫上再加上意外險的保障。而且，在整個家庭保險的組合中，著重點是購買丈夫的人壽保險，使自己成為受益人。

這個年齡層的女性結婚、特別是有了孩子之後，家庭責任愈發重大，各類潛在風險也隨之增多，一旦發生事故，將對家庭經濟打擊巨大。因此，如果經濟狀況比較寬裕，還可以為自己和丈夫購買終身壽險、意外醫療保險、養老險等產品。保障額度應以家庭整體年度收入的七至十倍為佳，家庭總保費支出佔家庭收入的十分之一即可。

五十歲以上的老年女性，可以選擇儲蓄型保險。由於老年人的險賠付率高，如果要為五十歲以上的老人購買養老類保險，可能會遭遇「保費倒掛」的尷尬。也就是說，將來所獲得的收益很可能低於付出的保費。若為五十五歲以上的老年人購買醫療險，尤其是重大疾病險，也可能出現這種保費高於保障額度的尷尬局面。

因此，如果想要進行基本的保障，建議子女不如放棄為父母買養老險、重疾險的辦法，轉而尋求其他儲蓄型的理財方式，多為父母積存養老所需的費用。對於七十歲以下的老年母親，子女們可以特別購買帶有骨折保障的意外險種。老年女性尤其容易因為摔倒等意外事件導致住院花費，因此，含有骨折的意外保障是非常合適的一個產品。

隨著年齡的增長，女性也要及早對退休生活做出規畫，讓晚年生活更從容。在理財規畫中，保險是不可缺少的，可以透過社保養老金和商業養老保險相結合的方式來當成養老金的基本保障。適當投保具有返還性質的年金險種，彌補社保養老不足，提升晚年生活品質，才是聰明女人的首選。

48

投資知識，提升生活品味

改變私房話48

容貌的美猶如水中月鏡中花，只能在眾人的感官上留下短暫的美感，而內在美、氣質美卻可以延緩衰老並使人永遠年輕，在眾人心靈上留下的是無窮地品味、永久的回憶。

浮華的生活中，人們很容易落入表象的陷阱中。許多女性常常誤以為刻意的裝扮、偽裝的親和力、自我吹噓的身分，就可以吸引眾人的目光。事實並非如此，繁華背後，震撼人心的力量，往往來自千錘百煉的實踐，經過無數次的思考、歷練而散發出的成熟。**真正的魅力，需要時間的陶冶，更需要智慧的修養。**

容貌的美猶如水中月鏡中花，只能在眾人的感官上留下短暫的美感，而內在美、氣質美卻

可以延緩衰老並使人永遠年輕，在眾人心靈上留下的是無窮的品味、永久的回憶。當社會個性化特徵越來越顯著，提升個人品味成為女性重要課題之一。所謂飽讀詩書氣自華，現代女性在不斷充實自己的過程中，變得更加聰慧迷人。

神話傳說中，伊甸園的亞當和夏娃因受了蛇的引誘偷吃了智慧樹結出的果實。於是便有了人類，有了人類的感情和智慧。可以這樣說，智慧是人類的開端。智慧有時雖然沒有外在的形象那麼富有誘惑力，但它卻更深沉、更動人、更長久。投資知識，會讓女性充滿智慧，並由內而外地散發出優雅的氣質。

如果一名女性只知道穿衣打扮，每天只與柴米油鹽醬醋茶打交道，那她根本算不上一個有品味的人。只有加上「智慧」兩個字，才能把現代女性與完美聯繫在一起。

智慧不是天生的，而是與一個人的學識、閱歷息息相關。智慧能使女人真正掌握自己，並獲得從容自信，使自己從人群中脫穎而出。充滿智慧的女性猶如一杯醇厚的佳釀，喝一口就讓人回味無窮。

一位賢良的妻子，在丈夫的事業陷入困境時，能夠從容地帶好孩子，同時又能體諒丈夫，創造一種溫柔敦厚的生活氛圍，這是一種智慧的表現。

一個女強人，在事業上風生水起之時，不咄咄逼人，給周圍的人親切溫暖之感，這也是智慧的表現。

一個外形性感迷人的女性，能在眾多的誘惑面前把持自己，堅持原則，不偏離生活的軌道，同樣也是智慧的表現。

一個外形並不出眾的女性，處事沉著、不卑不亢，以從容自信的態度面對周圍的事物，這也是智慧的表現。

總之，隨時隨地豐富自己的內涵，不斷學習，提高自己的生活品味，讓人生充滿智慧，是現代女性永遠正確的選擇。

在中國經理人中，「打工皇后」吳士宏是個獨特的存在。她沒有令人羡慕的成長背景和耀眼的光環，她的學歷只有國中畢業。從國中畢業到「打工皇后」，吳士宏走了一條不平凡的路。

吳士宏不是一個漂亮的孩子，為此，她常常抱怨爸爸媽媽為什麼不把自己生成男孩，因為男孩長得好看不好看都無所謂。她的優點是聰明，因此她努力學習，每一次考試都要考第一名。然而，由於家庭原因，國中畢業後，她沒能繼續升學。

一個偶然的機會，她進入IBM公司北京辦事處。在那裡，她是一名微不足道的小職員，嚴格意義上，只是一個沏茶倒水、打掃整理的打雜小妹。她並沒有因此放棄，而是繼續利用一切機會學習。透過一臺破收音機，她自修英語，最終獲得上司的賞識。再後來，她成為了「超級銷售明星」。她的上司，一個美國女人，直截了當地告訴她：「妳真漂亮！」長期以來對自己容貌非常沒自信的吳士宏受寵若驚，她開始重新審視自己。她發現，自己自卑的原因是不能接受自己，沒有真正對自己負責。她開始努力改造自己，以完全不同的形象出現在眾人面前。

自信和努力終於成就了遲來的美麗。她熱情的眼神、快樂的笑容、幹練的肢體語言、剪裁得體的套裝，成為人們印象中典型的白領佳人，是一個公認女人味十足的名女人。

吳士宏在IBM公司工作了十二年，以勤奮好學、工作拚命著稱，從一名勤雜人員晉升為高層管理。一九九八年二月，吳士宏改任微軟中國公司總經理，執掌世界上最富有公司的金印，一九九九年十月又任職TCL集團資訊產業公司總裁，一直是中國年薪最高的「打工皇后」。

女性到了二十歲以後，就已經開始慢慢接觸社會了，在與別人交往的過程中，談吐與修養是最能征服別人的。在自己的人生規畫中，將知識投資列入其中。保持閱讀書籍的習慣，無論是世界名著，還是人生激勵方面的著作，都有值得學習的地方，不僅可以豐富知性的生活，還能改變女性的思維方式。

喜歡看書的女性，一定是沉靜且心態平和的，因為在書籍的海洋裡，她可以充分吸收著營養。喜歡看書的女性，她一定是出口成章且優雅知性的女人。認真閱讀，可以讓心情平靜，而且書籍裡暗藏著很大的樂趣，當遇到一本自己感興趣的書時，會發現心情是愉悅的，而且每一本書裡都有著很大的智慧，閱讀過的書籍都會是女性社交中的資本，相信沒有人會喜歡與一個膚淺的女性交往。選擇合適的書本，能夠教自己很多哲理，以及會讓妳學會以一種平和的心態迎接生活裡的痛苦或快樂。

保持不斷學習的心態，從周圍的人事物中發現值得自己學習的地方。選擇性地交朋友，積極樂觀的朋友會讓妳也變得積極向上，而悲觀、整天只知道抱怨生活的人也會讓妳變得消極。

想要知道一個人本質是什麼樣子，只需要看她周圍的朋友就可以了。因此，想要讓自己變成什麼樣的人，嘗試著交這樣的朋友，妳會有不一樣的發現。

保持著謙虛的心態，參加各種培訓學習班，取代無止盡的逛街購物行為。可以選擇各種類型的培訓班，例如英語學習班、插花培訓班、美容培訓班等等。在培訓班中，能幫助女性接觸到各式各樣的人，拓寬人際關係網。在使自己生活豐富多采之餘，也能獲得自身修養、品味提升。

古代提倡「女子無才便是德」，現在應該變為「女子有才方是德」，一個無知無識的女性，能夠賢德到什麼地步呢？幾乎所有優秀女性都是受過良好教育的，打扮得體、舉止斯文，臉上略帶自信而又矜持的微笑，風度翩翩地出入於辦公大樓、咖啡館、商務會所。她們追求有成就感的工作和精緻的生活，怡然自得享受著屬於自己的品質生活。

後記

很久以前就一直想寫這本書。

記得第一次認識到「魅力」的含義，是在看一檔娛樂節目時。當時主持人在採訪造型師李東田，記者問他：「你是真的覺得呂燕漂亮嗎？」這句簡簡單單的問話，實際上問出了許多人的心聲。中國名模呂燕的臉型呈扁平狀，眼睛小，鼻子和嘴巴都大，沒有哪一點符合華人社會傳統的審美觀念。

當時李東田非常認真地回道：「我是真的覺得她很漂亮，所以我才願意幫她做造型。」再後來，看到一檔採訪呂燕的節目。她鎮定自若地回答，舉手投足之間散發著獨有的自信，說真的，那一刻，我被她深深地打動了。事實上，對於女性朋友們來說，不管妳長得是漂亮還是普通，年輕也好，不年輕也罷，都可以擁有更多的魅力。這些魅力並不是與生俱來的，而是修練出來的，像沙裡淘金一樣辛辛苦苦淘出來的。

以前看過一則寓言故事。在東方一個神祕的島國上住著一個大車輪，他缺了一角，很不快樂。於是他動身去尋找失落的一角。他向前滾動，一面唱著這樣一首歌：「喔，我要去尋找失落的一角，我要去尋找失落的一角，呵哈哈，上路啦，去找我那失落的一角。」他忍受著日曬雨淋，風吹雨打，然而卻從來沒有放棄過。他因為缺了一角，不能滾得很快，所以有時也停下來，跟小蟲說說話，或聞聞花香。有時他超甲蟲的車，有時甲蟲也超他的車，最愉快的，就是這樣的時刻。他繼續向前，渡過海洋：「喔，我要去尋找失落的一角，走遍天涯和海角，千里獨行不怕路迢迢，我要去尋找失落的一角。」

穿過沼澤和叢林，上山，下山，直到有一天，他找到了那一角，然而，那一角說：「我不是你失落的一角，我不是誰失落的一角。我是自己的一角。就算我是誰失落的一角，相信也不會是你的。」

「喔」他傷心地說，「打擾你了，真對不起。」他繼續上路。在旅途中，他發現有的一角太小，或太尖銳，總而言之，總是沒有找到適合自己的一角。

最後，他終於找到了另外的一角，看起來很合適。他帶著那尋到的一角向前滾動，因為不再缺少什麼，所以越滾越快，從來沒有滾得這樣快，快得停不下來，不能跟小蟲說說話，也不能聞聞花香，快得蝴蝶不能在他上面落腳。他可以唱快樂的歌了，他總算可以這樣說：「我找到了我失落的一角！」他想快樂地歌唱，然而什麼也唱不出來了。

「我懂了，這裡頭有點道理……」他這樣想到，停了下來。輕輕把那一角放下，從容地走開。他一邊走著，一邊輕輕地唱：「喔，我要尋找失落的一角，我要尋找失落的一角。呵哈哈，上路了，去尋找我那失落的一角。」

其實，人生就是這樣，總是有著這樣或那樣的缺憾，驅使我們不停地尋找那失落的部分。正如一位哲人所說的那樣，**人生是由殘缺和夢想構成的，殘缺讓人永不知足，而夢想則激發人們創造希望。**

其實，每位女性心中都隱藏著對自我超越的期待與渴望，她們渴望美，專門追求美，她們迫切希望能在自己人生的舞臺上盡情發揮自己的聰明才智，發揮自身的潛能。

渴望成功的女人，大多懂得為知識、技能付出足夠多的努力。渴望擁有美好人生的願望很簡單，但真正獲得把人生經營好的能力，需要具備修練自我的意識和習慣。妳想成為一個更好的女人，就得用一生的時間沉澱。

國家圖書館出版品預行編目(CIP)資料

這樣的女人，男人追著愛：女神是這樣修煉出來的 / 柳安晴著. -- 第一版. -- 臺北市：樂果文化出版：紅螞蟻圖書發行，2016.02
面； 公分. --（樂繽紛；30）
ISBN 978-986-92619-6-8(平裝)

1. 女性 2. 生活指導

544.5　　105000297

樂繽紛 30

這樣的女人，男人追著愛：女神是這樣修煉出來的

作　　者 ／ 柳安晴
總 編 輯 ／ 何南輝
責任編輯 ／ 王怡之
行銷企劃 ／ 黃文秀
封面設計 ／ 張一心
內頁設計 ／ 菩薩蠻數位文化有限公司

出　　版 ／ 樂果文化事業有限公司
讀者服務專線 ／（02）2795-3656
劃撥帳號 ／ 50118837 號　樂果文化事業有限公司
印 刷 廠 ／ 卡樂彩色製版印刷有限公司
總 經 銷 ／ 紅螞蟻圖書有限公司
地　　址 ／ 台北市內湖區舊宗路二段 121 巷 19 號（紅螞蟻資訊大樓）
電話：（02）2795-3656
傳真：（02）2795-4100

2016 年 2 月第一版　定價／ 280 元　ISBN 978-986-92619-6-8